منکا موتی

(شعری مجموعہ)

تصنیف

چودھری محمد شریف قمؔر گورسی

BlueRose ONE
Stories Matter
NewDelhi • London

BLUEROSE PUBLISHERS
India | U.K.

Copyright © Chowdhry Mohamed Sharief Qammer 2023

All rights reserved by author. No part of this publication may be reproduced, stored in a retrieval system or transmitted in any form or by any means, electronic, mechanical, photocopying, recording or otherwise, without the prior permission of the author. Although every precaution has been taken to verify the accuracy of the information contained herein, the publisher assume no responsibility for any errors or omissions. No liability is assumed for damages that may result from the use of information contained within.

BlueRose Publishers takes no responsibility for any damages, losses, or liabilities that may arise from the use or misuse of the information, products, or services provided in this publication.

For permissions requests or inquiries regarding this publication, please contact:

BLUEROSE PUBLISHERS
www.BlueRoseONE.com
info@bluerosepublishers.com
+91 8882 898 898
+4407342408967

ISBN: 978-93-5989-031-9

First Edition: November 2023

جملہ حقوق بحقِ مصنف محفوظ ہیں۔

کتاب غوناں:..........منکا موتی

تصنیف:..........چودھری محمد شریف قمؔر گورسی

کمپیوٹر کمپوزنگ:......عبدالمنان گورسی 7006623882
gorsi7373@gmail.com

سنِ طباعت:......۲۰۲۲ء

مُل:......عام ایڈیشن ۳۰۰ روپے/ لائبریری ایڈیشن ۴۰۰ روپے

تعداد:......۵۰۰

☆......پتو
چودھری محمد شریف قمؔر گورسی
"آشیانہ قمؔر" ماڈل کالونی متصل ماڈل اسکول
آہرہ بل ٹنگ مرگ کُلگام کشمیر
رابطہ نمبر:...... 7006974807

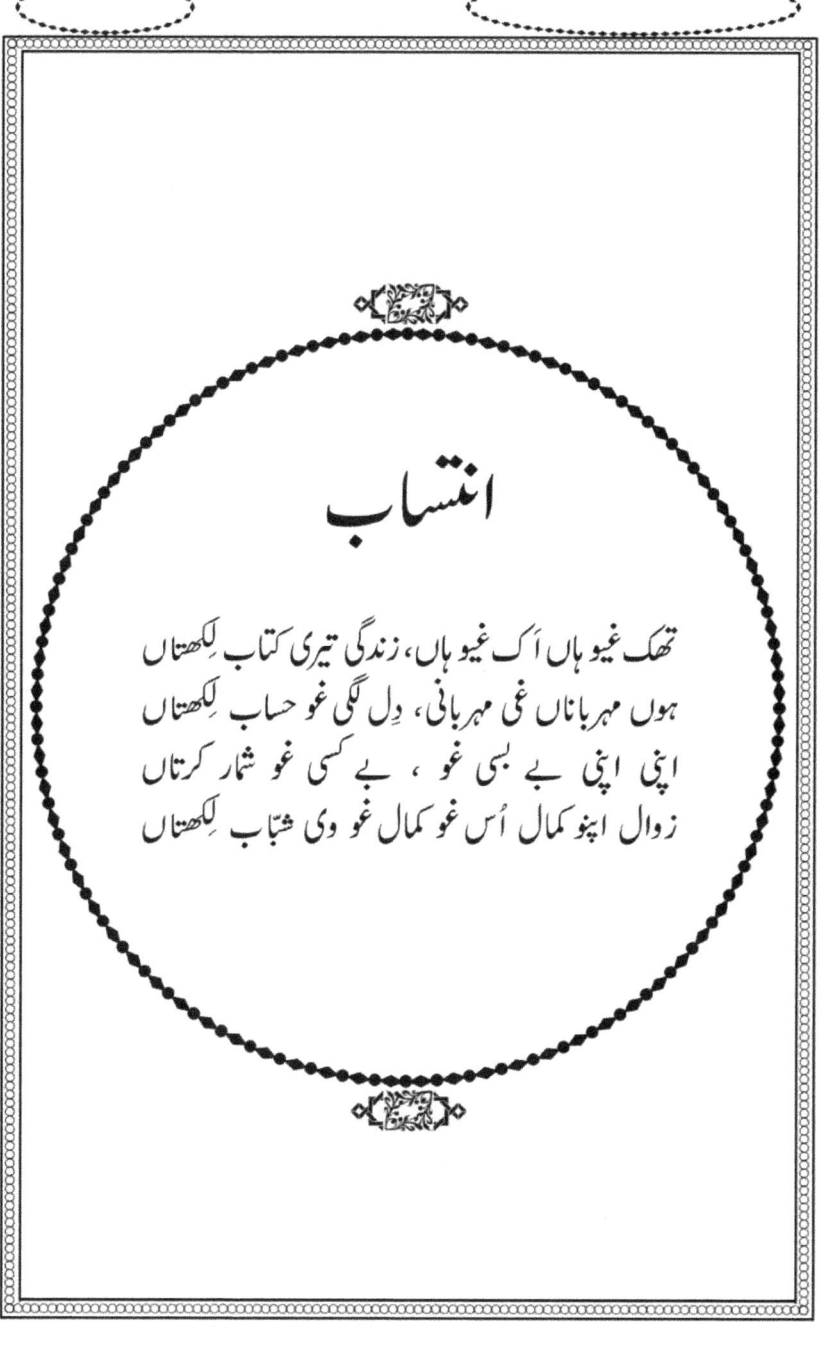

انتساب

تھک غیو ہاں اَک غیو ہاں، زندگی تیری کتاب لِکھتاں
ہوں مہربانان غی مہربانی، دِل لگی غو حساب لِکھتاں
اپنی اپنی بے بسی غو ، بے کسی غو شمار کرتاں
زوال اپنو کمال اُس غو کمال غو وی شبّاب لِکھتاں

فہرست

پہلی گل	چودھری محمد شریف قمرؔ گورسی	۵
دِل غی گل	چودھری محمد منشا خاکیؔ	۷
بانکا شاعر غی شاعری	جان محمد حکیمؔ	۱۰
منکا موتی غی گل	چودھری گُلاب الدین طاہرؔ	۱۳
طبیعت غو شریف......ادب غو قمرؔ	پروفیسر محمد جہانگیر اصغرؔ	۱۵
''منکا موتی''......سچّا موتی	چودھری عبدالسلام کوثرؔ	۱۷
کوئے گفتی گفتی جھوئن غیو	چودھری گلزار تبسمؔ	۲۱
سوغات	چودھری تاج الدین تاجؔ	۲۶
حمد (مناجات)	چودھری شریف قمرؔ گورسی	۲۷
نعتِ رسولِ مقبول صلی اللہ علیہ وسلم	// //	۴۱
گلہائے عقیدت	// //	۵۶
غزل	// //	۶۲
نظم	// //	۱۵۰
قطعات	// //	۱۹۰
گیت	// //	۱۹۳
خراجِ تحسین	// //	۲۰۴
سی حرفی	// //	۲۰۷
بارہ ماہ	// //	۲۱۶
متفرقات (سی حرفی پنجابی)	// //	۲۲۱
مثنوی	// //	۲۲۷

بسم اللہ الرحمٰن الرحیم

اپنی گل

''منکا موتی'' چُنتّا دے پھر اُن غو ہار بنانّو کَد ممکن ہوتو جے مالک غی مہر شاملِ حال نہ ہوتی۔ مہر آلاّ غی مہر نالّ دانا تیں ٹاہنڈو۔ ٹاہنڈا توں سٹّی تے سٹّی ور بے بہا دانہ انگو چھولے غے انگوٗر جنیَں۔ اس قدرتی عمل غے دوران سٹّی غا کھُبّڑ کِدے تہپ غو سیک۔ کِدے تُند و تیز پھانڈا کا چھکھڑ دے کِدے بدحواس بارشاں غی بے رحم ہنّاس نا اَپنّا کنڈ وَر جھل غے وجوٗد ماہنہ پلّن آلی اِس معصوم شئے غے منہ رس گھولّتا رہیں۔ نتیجتاً اِس غی زندگی نادوام بخشتاں بخشتاں آپنّی ساری شادابی و ہریالی نابجی ستھرو کر چھُڑیں۔

میری قلم غی ہر جُنبش وی اُسے چھتر چھایا غے ناں، جن غیر فیق و شفیق چھاں ماہنہ اَکھ ہُگاڑی، کتّاں ماہنہ حی الفلاح غی آواز پئی دے بےنورا َکھاں ماہنہ فی ظلمات الی النور غی لَو لگی۔ جن نے آپنّی ساری خوشی تج غے میری بے رونق تختی نارندھے چاڑھ غے خوشخط مشق (م۔ش۔قٓ) بنائیو۔ آپنّی بساط غا چانگو ور دِہنّی تُخا تُخا غے میری بے نورا کھاں نا سَلو بخشی، بےبسی و بےکسی غا ہر عالم ماہنہ سائیں اُن ور رحم فرماوے۔ آمین

اِس تیں بعد اُن ادب شناس ہستیاں غو بے حد مشکور و ممنون ہاں جن غا ہیلا

ذخیرہ ماہنہ خاکسار نا نظر ڈوڑا نغے یاہ بھوم پے گئی جے ادب آلی چھپری جس سِر غی رونق بنڑ جے اُس سِر یا تَن ور رفتہ رفتہ مہر آلا غی مہر بدلی یا سیجل غی صورت ماہنہ پھُوار بنڑ غے برتی رِہ۔ آہستہ آہستہ یُوہ گمان یقین ماہنہ تبدیل ہوغیو تے ناچیز نے وی اُسے باولی توں چھج، چھانی نال پانی حاصل کرنڑ غی سعی شروع غی۔ نتیجتاً ہوراں غی تِس بُجھے یا نہ بُجھے کما حقہ اپنی تِس بُجھانڑ واسطے تھوڑو جھیو ٹھنڈ یار نصیب ہوگیو۔ میری اِس ہولی جہی ڈَگی نا زیادہ پھلور پھلار کے بجائے خُلق واخلاص غا مالک محترم محمد منشاء خاکی، محترم جان محمد حکیم، جناب گلاب الدین طاہر محترم محمد جہانگیر اصغر، جناب عبدالسلام کوثری صاحب، تاج الدین تاج، جناب گلزار تبسم نے اپنا اپنا دستِ شفقت رَکھ غے میرو مان بدھائیو۔ ''وگرنہ من آنم کے من دانم''

میرا رفیق تے شفیق بھائی حافظ عبدالمنان گورسی نے اِس سارا کم ماہنہ ایک وار نہیں کئیں وار چھٹَن چھیرن ماہنہ ہمہ وقت میری مدد کی۔ اللہ اِس درویش غی دعا ماہنہ اِن ساراں غی دُنیا تے آخرت غی ہر منزل آسان کرے۔ قارئین واسطے بس ایک التجاء۔:

تیلا روڑ الفظاں غی میں جوڑ غے جھگی چاہڑی
کرئیو نظر انداز خدارا گل جو موٹی ماڑی

چودھری محمد شریف قمر گورسی
آہرہ بل ٹنگ مرگ کُلگام کشمیر
یکم جنوری ۲۰۲۲ء

دِل غی گل

اپنا سُچّا تے سوچجا خیالاں نالفظاں کا لبادہ ماہنہ بھلیٹ کے شعراں غی چنگیر ماہنہ سجا غے تے شعری لوازمات غی چھپری نالؔ اُپروں ڈھک کے سلیقہ کے نالؔ سماج نا پیش کرنؔ غو ناں شاعری ہے۔ اِس شاعری نا اپنا قاری، اپنا طالب یا قدر دان تک پہوچن واسطے کئی مرحلاں توں گزرنو ہووے جس ماہنہ شاعر کو خیال، لفظاں غو ڈھانچو، شعری بند شاں کیں کندھ پھر پڑھنؔ آلاؔ کی پسند تے اُس غو شعری یا ادبی ذوق کِدے اِن ساراں رستاں نا اُلاہنگن کے بعد معاشرو یا سماج جس غو وہ بسنیک ہے یا من لے کہ ''یُوہ تے میری گل کرے'' تاں سمجھو وہ کامیاب عوامی شاعر ہے پھر پئی دُنیاں منہ وی تعریف نہ وی کرے اُس غی تخلیق آپ منوالے، دوُجی گل جے کِسے شاعر یا ادیب نا اپنا شعر یا کِسے شہ پارہ غی تشریح یا مُدعو بیان کرنؔ غی لوڑ نہیں ہوتی کیونجے تخلیق بعد ماہنہ آوے تے اُس نا سمجھنؔ آلاؔ اُس غی تہہ تک پہوچن آلاؔ پہلاں توں اُس سماج ماہنہ موجود ہوویں۔ کیونجے ہر آدمی اپنا حالات تے اپنا نظریہ کے نالؔ اُس غی پرکھ کرے وہ کِتنو اُس غی زندگی اُس غی سوچ یا اُس کا حالات غی عکاسی کرے کِسے اچھوتا تک اُس غی رسائی اِن محرکات پر منحصر ہے۔ اصل ماہنہ گل محمد شریف قمرؔ غی منظوم تخلیقات پر تبصرو

کرنڑ غی ہے۔ اُنھاں نے اپنا شعری مجموعہ ''منکا موتی'' نا گوجری ماہنہ بولی ماہنہ قریب دس شعری اصناف نا ایک ہی کٹوری ماہنہ کُٹ کے سماج نا ایک تحفو دینڑ کا جتن کیا ہیں اللہ ان غی اِس چوری برتان آلی کوشش نا کامیاب کرے۔

ہر لحاظ ناڑ اُنھاں غو شعری ذوق وشوق تے سوچ غو معیار اُچّو تے سُتھر و ہے وِ یہ شعر غی تہہ تک رسائی حاصل کرنڑ تے پرکھنڑ غی ہر ممکن کوشش کریں۔ یاہ ہی وجہ ہے جے اُنھاں کی شاعری ماہنہ قوم کے ناں ایک پیغام، ایک اشارو، ایک قومی اصلاح یا ایک مشورو نظر آوے۔ اُن غی شعری رنگا رنگی ماں جد پکّو رنگ چڑھیو تاں یقیناً گوجری اَدب غی ایک آواز بن کے اُبھریں غا۔ قمؔر صاحب خیالاں غی تانْی ماہنہ اُلجھنڑ کے بجائے سپاٹ لفظاں ماہنہ اپنا خیال نادؤ جاں ناڑ سانجھو کریں۔

ع : ہنجوں نہر طوفان چھپا کے سینہ ماہنہ
لوک مریں ارمان دَبا کے سینہ ماہنہ
تیرا سجدا تیرے کولوں پچھیں غا
کیوں رکھیا شیطان چھپا کے سینہ ماہنہ

محمد شریف قمؔر غی گوجری شاعری ماہنہ حمد، نعت، مناجات، غزل، نظم، قطعات، سی حرفی، باراں ماہ، گیت تے اُپروں پنجابی شاعری کو تڑکو پر مٹھے سیک ایسی شاندار تے لذیذ ڈِش تیار کری ہے جے قاری چٹخار الیتو تے ڈِبیاں ماہنہ چمچی مار تو رِہ جائے۔ ہوں ہر ایک شعری اصناف کا معیار پر گل نہیں کر تو جے کِسے ماہنہ لوُنڑ مرچ غی کمی پیشی ہو سکے۔ اُس کا سوچا خیال، اُن غی ہمدردانہ سوچ، اُن غی زبان ناڑ پیار تے اُن غی انتھک محنت تے خلوص اُن غی تعریفاں کا ضامن ہیں۔ میرو قمؔر صاحب غو ہتھ اپنا ہتھّاں ماں لے کے سینہ ناڑ لانڑ غو دِل کرے۔ اُن غی نعتیہ شاعری تے حمد اُن غی سوچ تے اپروچ غی عکاسی کریں۔

وہ مکہ غو وارث مدینہ غو والی
محمدؐ غی عظمت بڑی شان آلی

بے شک میرا آقا حضرت محمد صلی اللہ علیہ وسلم کیں نعت لکھنؔ تے پڑھنؔ آلا اپنا پیارا جہیا محمد شریف قمرؔ غو شعر اُن کا خلوص غو ضامن تے محبّتاں نالؔ بھریو وؤ ہے۔ گوجری زبان، گوجری ادب تے گوجری شاعری نا شریف قمرؔ نالؔ بڑیں اُمید وابستہ ہیں تے یقیناً ہوں پُر اُمید ہاں جے اُن غی محنتاں تے خِدمتاں غو صِلو آنؔ آلا وقت ماہنہ گوجری زبان واسطے ایک تھم بنؔ کے اِس غی ڈھاری نا ڈکھلاوے غو تے ادبی چمن غی لوماں اپنا اصلی قمرؔ ہونؔ غو ثبوت پیش کرے غو۔

محمد منشاء خاکی
بابانگری کنگن کشمیر
۲۱ر ستمبر ۲۰۲۱ء

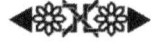

بانکا شاعرغی شاعری

اللہ تبارک وتعالیٰ غو لکھ لکھ شُکر ہے کہ اُس نے انسان نا اشرف المخلوقات غو رُتبو بخشیو ہے۔اس نا بولن ،سوچن تے سمجھن جھیا احساسات تیں نوازیو۔انسان غی یاہ ہی سوچ ،اظہار تے خیال بولاں غی شکل ماہنہ باندے با چھڑ آوے تے اُس کا معیار غو پتو دَے۔مثبت سوچاں غا اِس اظہار نا کدے ہم سیانی گلاں غو ناں دیاں تے کدے معیاری ادبی ذوق تے شوق غا ناواں سنگ اِس غی پچھان کراں۔گل کرن آلا تے سارا ویں پر سچیا را تے سُچّا موتی بکھیرن تے بنڈن آلا دماغ مُچ گھٹ ویں۔پھر اِن موتیاں نا قلمی طاقت سنگ برتان آلاں غی تعداد اس توں وی گھٹ ہووے۔

افراتفری غا اِس زمانہ ماہنہ جِت انسانی قدراں غو فُقدان ہے۔جِت لوک زندگی نا خوشیاں کے بجائے اک اَلمیو سمجھیں ۔ جت دِل انسانیت غا جان پر سوگ مناوے تے فضا اُتھروں اُتھروں ہے،جِت کوَلّی تے منفی سوچاں نے اخلاقیات غی عمارت نا دھڑام کر غے ڈھا چھُڑیو ہے اُت ادباَ تے شعرا ٗواقعی سماج ماہنہ طبّی اَکھ غو کم کریں ہویں۔سماج نا کھینڈوں کھیروں ہونّ غے بجائے طاقت تے روح بخشیں جس طاقت پر شاید یاہ دُنیا کھلّی وی ہے۔

اپنّی ہانّ تران زباناں غے نالّ نالّ گوجری شعرا ٗماہنہ معیاری تے سُچّی شاعری غی صف آلا شاعراں ماہنہ اِک اہم ناں نظر آوے جن غی شاعری تے شعری

تصنیف ''منکا موتی'' گوجری شاعری ماہنہ معیاری اضافہ غی حیثیت رکھے۔ ہوں اُن غا شعری مجموعہ ''منکا موتی'' غی اشاعت پر قمرؔ ہوراں نا دلی مبارک باد پیش کروں۔ اِس غے ناں ناں گوجری غا قاری ناوی مبارک کہ اُن غی روح غی تسکین واسطے معیاری ادب غی تخلیق کاری غو کم جاری تے ساری ہے۔ بقولِ اقبالؒ ع

یہ کائنات ابھی نا تمام ہے شاید
آرہی دمادم صدائے کُن فَیکُوْن

قمرؔ ہوراں نے اپنا من غو دیو بالیو تے لہو جگر غو کا ہڑیو پھر خیالاں غا تانابُنیاں تے اکھراں غا موتیاں نا اکٹھا کر غے یہی ''منکا موتی'' پرویا ہیں جن غو لوہ لشکارو دور دراڑا تک پیتو سہی لگے۔ جن ماہنہ حمد، نعت، مناجات، غزل، نظم، گیت تے بیت شامل ہیں۔ ان تصنیفات نا اُنھاں نے اپنا اپنا درجہ تے رُتبہ غے مطابق نکھیڑ غے دسیو ہے۔ اِس فرق نا قائم رکھن غے ناں ناں شاعری غا معیار ناوی ہتھوں نہیں جان دِتو۔ شریف قمرؔ نے مناسب تے سوہنا اَکھراں غو برتیو کیو ہے اُس غی شاعری ماہنہ سوچ پختہ تے بانکوچ وی نظر آوے۔ شریف قمرؔ اپنا دِل غی گل بڑا چ ناں کریں۔ گل کجھ وی وے اُس نا پیش کرن غو طریقو تے اس ماہنہ چاشنی پیدا کرنو شریف قمرؔ غی ہُنر مندی ہے۔ ع

تیری مُورت پتھر ہاروں لیک لکائی رکھیں لوک
عاقل کہیں اُمید نہیں رکھنی، اُچا رُکھ غی چھاواں غی

اُن غا خیالاں غی بلندی تے پختگی غو اندازو اِن اشعار توں لا یو جا سکے۔

دھرتی اُپر بازی لا غے دیکھ قمرؔ سب ہار گیا
چن مریخ غی دوڑ بشر نا کھہڑے باڑے باڑ گئی

تخیل غی بلند پروازی تے سادگی ہی غزل غی قبولیت غو تقاضو کرے سادی

گل نا مشکل بنانو قاری غی دِل چسپی نا گھٹا چھوڑے تے پر کھنؔ آلو پڑھتو نہیں بلکہ ورقاں نا پھیر پرت غے کنی دھر چھوڑے پر قمؔر صاحب نے قاری غی توجہ قائم رکھی یُوہ ہی اُن غو ہُنر ہے۔

محبت، انسان دوستی تے انسانی ہمدردی تحریر غو زیور ہوئے۔ اک شاعر غو دِل ملائم تے نرم ہوئے تاں ہی اُس غا قلم تیں نکلیا وی اشعار، اقوال زریں منّیا جائیں تے اِس حوالہ سنگ قمؔر ہور پورا اُتریں۔ ذری اِس شعر تیں انداز ولاؤ۔

زندگی غا اِس سفر غی کے دسوں میں کے ڈِھٹھو
اے مالکا تیرا نگر غی کے دسّوں میں کے ڈِھٹھو

نظم ''نفسو نفسی'' ماں مسلک غی گل کرتاں ویں یا ''گوجری ترانہ'' ماں اپنی ماں بولی غی صفت وے اُن غی نظم وی دِلچسپی غو باعث ہیں۔ اُن غی ساریں نظم بہت سوہنّی ہیں تے پیغاماتی وی۔ اِن نظماں بچوں پھلاّں غا سبج ماہنہ، جموں وکشمیر، ہم اُس دیش غا باسی ہاں، میرو ہندوستان، گوجری ترانو، نفسو نفسی وغیرہ گوجری شاعری ماہنہ حوالہ غے قابل ہیں۔ اُن غا گیتاں، سی حرفی، بارہ ماہ ماہنہ وی اک نمیکلو سواد ہے۔ ''منکا موتی'' شاعری غو اِک نووں انداز لے غے وارد ہوئی ہے۔ یاہ چنگی شاعری غی اِک مثال ہے۔ غرض کہ شریف قمؔر نے جو لکھیو ہے سچ لکھیو ہے تے سچ توں سوہنوں کِکھ نہیں لکھیو۔ ع

''خدا تیرے جنوں کا سلسلہ دراز کرے''

جان محمد حکیم
ڈھڈ کائی بھلیسہ ڈوڈہ
مورخہ ۱۰/۱۲/۲۰۲۱ء

منکا موتی غی گل

گوجری غی جھولی کسے بھی طرح کا تخلیقی مواد ناں بھرن ماہنہ کیاں بتریاں دھاراں غوحق ادا کرن غی کوشش کہی جا سکے۔ ''منکا موتی'' ماہنہ شاعری غیاں کنّی کنّی صِنفاں غے تحت منکا پوݨ غی جاچ نمیکلی ہے۔ خیال مزاج تے فنی لوازمات غا معاملہ ماہنہ بھی ''منکا موتی'' سئی لگیں۔ اس طرح یوہ مجموعوں ہیّت غا اعتبار ناں گوجری غا شعری خزانہ ماہنہ قابلِ قدر، قابلِ توجہ تے قابلِ غور باہدو ہے۔

نچھ اُبج غی اُمید ماہنہ اپنی زمین اپنے طریقے تیار کرنے غے شاعر نے محنت تے زبان ناں محبت غوثبوت دِتو ہے۔ یاہ گل اس طرح واضح ہوئے جے شریف قمؔر صاحب حمد، مناجات، نعت، غزل، نظم غا شعراں غے ذریعے نجھک دل غیسُنا رہیا ہیں۔ عام طور پر اُن نے اصناف غیں مستعمل روایت برتیں ہیں۔ روانی جہڑی اس طرح غی شاعری غی روح ہے، ہر شعر ماہنہ برابر موجود ہے، مِٹھّو مزاج ہر صنف غی نکھڑی طبیعت ناں مطابقت رکھے۔

حمد، نعت تے مناجات ماہنہ لفظ دل غی آواز غو بل ساتھ نبھانویں۔ موضوع وغیرہ غا برتیبا غا معاملہ ماہنہ غزل تے نظم کِتے کِتے روایت توں ہٹ غے جدّت غی

جھلک بھی دسیں۔ خیال موضوع کیں برت کھولے تے اظہار خیال غی لج پاتے۔ ان تر وہاں یعنی موضوع (مضمون) خیال تے اظہارِ ماہنہ کسے بھی سطح پر کوئے اُلجھا نہیں دِستو۔ مجموعی تاثر غی گل کی جائے تے جت گلا نھورا، روسو تے نا اُمیدی گُھاں شعراں غو خمیر ہے اُت برق رفتار زندگی غی دین، ذہنی کشمکش تے نفسیاتی معاملات بھی پڑھن آلا نا متوجہ کرن غی تشیر رکھیں۔ نظماں ماہنہ بے باکی ہے ہی گُھاں غزلاں کا شعراں غو انداز بھی انقلابی ہے۔ پر چاہے خاص قسم غی کیفیت کے تحت کسے درد غا اظہار غی گل کی جائے یا نازک رشتاں غی پاسداری غی کسے بھی لحاظ نال آس غی ڈور ٹُٹتی نہیں دِستی۔

اُمید ہے جے ''منکا موتی'' غے ذریعے جسو مواد گوجری غے حصے آیو ہے یوہ شریف قمؔر جہیا خوش مزاج گوجری غا دردناہور لکھن غی ہمت تے اُن کا ہم عصراں نا اس طرح غی کامیاب کوشش کرن غی تحریک عطا کرے غو۔

گلابُ الدین طاہؔر
ملک باغ گوہن
بارہ مولہ کشمیر
مورخہ ۲۰۲۱/۱۰/۲۵

طبیعت غو شریف......ادب غو قمرؔ

اس نا علم وادب غا لحاظ سنگ پا جا آلی تہرتی پونچھ غو اَثر کہوں یا آہرہ بل جیسا خوبصورت سیاحتی مقام غی تاثیر جے ان دواں جگہاں غا بسنیک سخن شناس وی ہیں تے سخن شناساں غا قدردان وی۔

گوجری زبان غا بانکا شاعر شریف قمرؔ غو تعلق وادیٔ کشمیر غا خوبصورت علاقہ آہرہ بل سنگ ہے ور اِن غی داد یہالی رسی غو تعلق ضلع پونچھ سنگ وی ہے۔ یاہ ہی وجہ ہے کہ شریف قمرؔ ہوراں غی زبان ورنہ تے وادیٔ کشمیر ماہنہ بولی جانؔ آلی گوجری غو مکمل اَثر ہے اور نہ ہی پونچھ آلے پاسے بولی جان آلی گوجری غو۔ سیاناں غو اَکھانؔ ہے جے تُخم تاثیر تیں مجلس تاثیر بدھ وہے۔ انسان جس طرح غی مجلساں ماہنہ اُٹھتو بیستو رِہ اُس ور یقیناً اثر ہونؔ لگ پوئے۔ شریف قمرؔ ہوراں نے ادبی محفلاں ماہنہ بیسنؔو اُٹھنو چُن لیو اور اُن غی یاہ چوٗن نہ صرف اُن واسطے بلکن نوجوان نسل واسطے وی قابلِ رشک ہے۔ ادب سنگ وابستگی خوش بختی آلی گل ہے۔ قمرؔ ادب سنگ نہ صرف وابستہ ہیں بلکن اج الحمد اللہ صاحبِ کتاب وی ہو گیا ہیں۔ اُنھاں نے اپنے آلؔ دوالے جو کجھ دیکھیو، پرکھیو، سمجھیو اور اس تیں جو تجربہ حاصل کیا شعراں غی ہونہار ماہنہ بڑا چ نالؔ پیش

کیا ہیں آتش نے بڑی سوہنٹرں گل کہی تھی:

بندشِ الفاظ جڑنے سے نگوں کے کم نہیں
شاعری بھی کام ہے آتش مرصع ساز کا

شریف قمرؔ ہور مرصع سازی غا اس مشکل کم غی باریکیاں نا جانٹریں۔ قمرؔ کجھ تن برتی تے کجھ سُنی سُنائی ہر دو اعتبار ناں جذبات نا اکھراں غو رُوپ دے غے شعراں ماہنہ پیش کرن غو ہنر خوب جانٹریں۔ پہانویں کجھ دوجی اصناف ماہنہ وی اُنھاں نے طبع آزمائی کی ہے ور میرا خیال ماہنہ وِیہ نسبتاً غزل ماہنہ زیادہ بہتر سہی لگیں۔ اُن غا یہ شعر قابلِ توجہ ہیں۔:

ع سچائی کہنٹر مُشکل نہیں سچائی سہنٹر مُشکل ہے
ضمیر اپنا ماہنہ کے دہسوں سلامت رہنٹر مُشکل ہے

....

ع عشق کے ہے دہس غیو منصور کھل کے روبرو
عاشقی غا اِس اکھاڑہ ماہنہ داں میرا میت جا

....

ہوں شریف قمرؔ ہوراں نا مبارکباد پیش کروں جے اُنھاں نے اپنا کلام نا کتابی شکل دین غو خوبصورت قدم چایو۔

اللہ کرے زورِ قلم ہور زیادہ

پروفیسر محمد جہانگیر اصغر
سُرنکوٹ
15 ر ستمبر 2021ء

''منکا موتی''......سُچّا موتی

راقم جس ویلے یہ تحریرِ لکھنڑ بیٹھو تے مِنّاں ڈاکٹر رفیق انجم صاحب غو ایک اقتباس ''گوجری ادب غی سنہری تاریخ'' بچوں یاد آ جے کہ:

> ''گوجری شاعری ور تصوّف غو رنگ تے اثر غالب ہے، وجہ تسمیہ یاہ بیان غی ہے جے یاہ قوم سادہ طبیعت خداترس اور اپنی مٹّی تے دھرتی سنگ جُڑی وی ہے تاہی اس ماہنہ توحید پرستی، انبیاء و رُسل غے نالؔ عقیدت تے محبت غو اظہار، اولیاء عظام اور علماء کرام نالؔ وی عقیدت تے خلوص غو جذبو مضبوط ہے۔''

بہرصورت ضمانت زندگی کی ساتھ لاتے ہیں
وہ پودے مر نہیں سکتے جو مٹّی ساتھ لاتے ہیں

چودھری محمد شریف قمرؔ گورسی بھی اپنی مٹّی غی اصل تاثیر ماہنہ ڈُب غے اپنٔی دھرتی ور بردھم جُسّہ سمیت قدم جما غے شعروادب غی دُنیا ماں لتھّا ہیں۔ اپنی ضرورت تے مقصد غو بھار بھُتّو بَل سوچ سمجھ غے سنگ لیوؤ ہے جس نا حاجت بیلٔے اپنا مقام ور برتیں، اُن غی تخلیقات اِس غی گواہی پیش کریں۔ وِیہ اپنی سنجیانڑ اپنی ایک رُباعی ماہنہ آپ ہی کرائیں۔

ن: ناں پتو روئیداد اِتنی ، ضلع خاص کلگام کشمیر غو ہاں
نور آباد تحصیل دمحال میری، اہرہ بل غی مٹّی خمیر غو ہاں
قوم گورسی مہراں غالقب آلی ،ہاڑی پونچھ غی اصل جا گیر غو ہاں
قمؔر کہیں یہ خاص اخلاص آلا ، اصل ناں شریف ضمیر غو ہاں

اپنا دِل غا رازاں تے بھیتاں نا شعراں ماہنہ ڈھالنوں ہر کسے غا بس غو روگ نہیں ،یُوہ جذبو تے مَلکو خدا طرفی دین ہے جس نا یاہ دین راس آ گئی اور سبلّی لِیک کا غذ ورلہہ گئیں وہ اپنو مُدّعو کہنؔ ماہنہ کافی حد توڑی کامیاب ہو گیو۔ میرا خیال ناںؔ قمؔر صاحب نا یُوہ چج چنگی سوہنؔی طرح آوے۔ تاہی تے وِیہ ''منکا موتی'' چننؔ ماہنہ کامیاب ہو یا ہیں۔ اُنھاں نے اپنی من پسند غا ''منکا موتی'' ،بٹیلؔ غے ایک سوہنؔی جھئی کنڈی پوئی ہے۔

اُمید غی جائے کہ علمی ، ادبی تے فنونِ لطیفہ غا حلقاں ماہنہ قبولیت ضرور تھائے غی جس طرح اُپر ذکر کیو گیو ہے جے گوجری شاعری غو مُچ سارو حصّو تصوّف ماہنہ رنگنؔ ہو یوؤ سہی ہوئے۔ ان غی شعری لڑی ماں پہلو لڑ ''حمد باری تعالیٰ'' غو ہے اُسے غے ناںؔ ''مناجات'' غو خوبصورت حِصّو ہے، دو جو لڑ ''نعتِ رسولِ مقبول صلی اللہ علیہ وسلم'' سنگ سجایو ہے۔ بقولِ قتیل شفائی

دُنیا میں احترام کے قابل ہیں جتنے لوگ
میں سب غو مانتا ہوں لیکن مُصطفیٰؐ کے بعد

تیجو لڑ ''گلہائے عقیدت'' کا ناں سنگ بڑی عقیدت ،علمی تپوش غو ثبوت پیش کرے۔

ماہتاب رسالت غا مُوہنڈا جس پھُل نا سا میں چکیں تھا
جِت لمّاں ہو جیں تھا سجدہ آنحضرتؐ ہور نہیں تھکیں تھا

قمرؔ صاحب موصوف نے اس تے اَگلی لڑی ماہنہ غزل، نظم، قطعات، گیت، سی حرفی، بارہ ماہنہ وغیرہ اصناف پوئیں ہیں یعنی طبع اَزمائی کی ہے۔

''منکا موتیاں'' غی خوبصورت کنڈی تیار کی ہے جھڑی نہ جانے کِتنا گلّاں غی زینت تے حمیل بنے غی، قمرؔ ہوراں غی شعری تخلیقات توں انداز و ہووے جے اُن غو مُشاہدو تے مطالعو بردھم تے برمحل ہے اُن غی بَرتی وی عبارت اس گل ور دلالت کرے جے وِیہ علمی اصطلاحات، استعارات وکنایات اور لُغت توں بخوبی واقفیت رکھیں، سب تیں بڑی گل یاہ ہے جے وِیہ علمی طور ور نویں توں نویں چیز گا مُتلاشی تے تپوشی رہیں، یُوہ وصف اُن غو راقم السطور نا ذاتی طور ور پتے ہے، اَللّٰھُمَّ زِدْ فَزِدْ۔ آمین

ست سمندر میل بنّیں جے، قلم بنّیں رُکھ بوٹا
پھر وی ربا کہنؔ نہیں ہوسکیں ذات تیری غا شان
دیئے جواب بصارت ساری عقل سماعت تھکے
کِس را کریں تعریف خدایا بے عقلا انسان

قمرؔ صاحب نے اپنو طرزِ نگارش دوجاں لِکھاڑیاں توں قدرے مختلف رکھیو وو ہے۔ ان غی شعری تخلیق پڑھتاں دِل ماہنہ یُوہ احساس بھلو سہئی ہووے جے قلمی خدمت کرتاں ماہنہ اور شعری رُجحانات نا قلم غے مہابے کاغذ ور لاہتاں لاہتاں توحید و تمحید، نعت وسلام، منقبت ومناجات، قطعات، گیت تے سی حرفی اور بارہ ماہنہ وغیرہ غے ذریعے سُچّا موتی پرویا ہیں جس ماہنہ وِیہ کامیاب نظر آنویں۔

عرش وی تیرو، فرش وی تیرو، لوح وقلم غو مالک توں ہے
خلق وی تیری، ملک وی تیرو، سب جنساں غو خالق توں ہے

....

سی حرفی غی تمثیل پیش ہے۔

ت: تائب ہاں تیرے دربار دا میں، کرو سدٔ محبوبؐ دربار اَپنے
تیرے درتے منگاں میں بھیکھ پاپی، کدے خیر سٹّو ایک وار اپنے
کاسہ پھڑاں گدائی دا خوش ہو کے، ہووے رحمت نی ایک فوار اپنے
قمرؔ ہووے نصیب تاں دید کرساں، تربت چار اصحابؓ کبار اپنے

مذکورہ بالا تمثیل شاہد ہیں کہ موصوف کامیاب اور قادر الکلام گوجری شاعر ہیں اُن غا کلام غی ایک خوبی مِنّاں یاہ سہئی ہوئی جے اُن غا کلام ماہنہ خیالی تکرار نہیں ہے بلکنْ ہر ایک شعری تخلیق ماہنہ جدّت تے ندرت ہے جہڑی لازمی طور ور قارئین نا اپنے در متوجہ کرے غی یاہ صفت مطالعہ غی وسعت، تجرباں تے مشاہداں غی بدھیکی تے سب توں ہَٹ غے ذاتی دِلچسپی تے جستجو سہئی ہووے۔ ہوں دعاء کروں جے شریف قمرؔ ہوراں غا یہ شعری، تخلیقی اور جمالیاتی سُچّا ''منکا موتی'' سدوہی چمکتا رہیں۔ آمین

عبدالسلام کوثرؔی
معلم فنِ خطاطی
کلچرل اکیڈیمی لالمنڈی سری نگر

کوئے گُفتی گُفتی جھوڑ غیو

ہمارے خواب عجب کہکشاں بناتے ہیں
زمیں غو تاروں بھرا آسماں بناتے ہیں

(رخسانہ جبین)

محمد شریف قمرؔ، علی جان پروازؔ تے راقم الحروف نے شعروشاعری غو آغاز لگ بھگ اَکھٹاں ہی کیو۔ خوش قسمتی سمجھوں یا اتفاق مھارا دُکھ دردوی سانجھا رہیا تے خوشی غا احساس وی سانجھا۔ ہم نے زندگی غا تلخ تجربات تے خوش باش لمحات نا بھانویں بگھ بگھ زاویہ ناں دیکھیو وے ور ہم نا اپنا احساسات، تجربات تے خیالات غا اظہار واسطے شاعری غو سہارو ہی سب تیں بہتر لگو۔ اس میدان ماہنہ اکثر ہم ایک دوجا غا اُستادوی آپے بنیا تے شاگردوی آپے۔ گوجری ادب غا گھونھرا تے سدا بہار باغ ماہنہ ہوں اپناں سارا حرفاں غا سرمایہ نا سوت غی اَٹی غے بروبروی نہیں سمجھتو مگر گوجری ادب تے ہم ناجھڑ و بڈیار تے مان بخشیو وہ لفظاں غی قید ماہنہ نہیں آسکتو۔

ہوں یاہ گل بخوبی جانوں جے اس وقت مِناں صرف محمد شریف قمرؔ غا ادبی سفر تے خدمات بارے ہی گل کرنی تھیں ور کے کروں قمرؔ نا اپنے نالوں تے پروازؔ نالوں کتّی نکھیڑ غے پیش کرنو میرا بس غو روگ نہیں۔ ''آہرہ بل گوجری ادبی انجمن'' جموں

کشمیر کلچرل اکیڈیمی ، پرسار بھارتی تے دور درشن سری نگر تیں لے غے ادبی سنگت کشمیر توڑی ہم سنگ چلتا رہیا۔

محمد شریف قمؔر ابتدائی تعلیم توں بعد محکمہ پولیس ماں بڑی مُدّت ملازمت کرتا رہیا، وراُن غی تعلیمی تے تحقیقی تِس نے اُنھاں نا کدے نِکمّوں نہیں بیسنٔ دِتو۔ انھاں نے ملازمت غے دوران پولیٹکل سائنس ماہنہ ایم ، اے کیو، اور کجھ سال پہلاں محکمہ فائنانس ماہنہ ملازمت اختیار غی۔ قمؔر جت انقلابی سوچ، مثبت سماجی تبدیلی تے خوشحال طرزِ زندگی غا الم بردار بنیا رہیا اُت وِیہ معاشرتی اونچ نیچ، سماجی ظلم وزیادتی ، جابرانہ تسلّط غے خلاف بغاوت غا صلاح کاروی منیا جائیں۔ زمانہ حال ماہنہ ایسا لوکاں غی تعداد بہت کہٹ ہے جن غی نجی زندگی (باطن) تے قلمی زندگی (ظاہر) ایک جیسی وے اور قمؔر صاحب ان چند ایک خوش قسمت لوکاں بچوں ایک ہیں۔ جن غا قول وفعل ماہنہ تضاد نہیں ۔ یہ شاعری ماہنہ وی اپنا ذاتی اصولاں ورکار بند رہیا ان غا کلام ماہنہ انقلابی سوچ چھلتی سئی لگے۔ اِن نے اپنا کلام ماہنہ اپنٔو میکلو اندازِ بیان نرالا تے انچھویا مضمون، بے باک تے اصلاحی زبان استعمال کی ہے۔ ان غی شاعری پڑھتاں منّاں کدے وی معاصرتی احساس غو چھانملو سئی نہیں لگو۔ ہاں مگر وِیہ حاجی حسن دین حسؔن مرحوم غا کلام تیں ضرور متاثر سئی لگیں تے کدے کدے دانستہ یا نادانستہ طور ان غی تقلید کر گزریا ہیں۔

بحر حال ہوں ان غا دوست تے رفیق ہونٔ غے ناطے ان غا کلام غا معیار، موضوعات تے فنی صلاحیتاں بارے گل کرنو اجان قبل از وقت سمجھوں، کیوں جے بقول میاں محمد بخشؒ ع

دردمنداں دے سُخن محمد دیہنٔ گواہی حالوں
جس پلّے پھُل بدھے ہوونٔ آوے باس رومالوں

ہک علم دے زوروں کردے اوہ بھی ظاہر دِسدا
جس پر ہووے عطا الٰہی سخن نہ چھپدا تِسدا

قمرؔ غی کتاب ''منکا موتی'' تھارا اہتھاں ماہنہ ہے۔ ادب شناس لوک ادب نا پڑھنٛو وی جانٔیں اور پرکھنٛو وی۔ ہوں قمرؔ غی تعریف نا اپنٔی تعریف سمجھوں تے ان غا کلام غی تنقیص نا اپنی تنقیص۔ بس کُجھ اِک نمونۂ کلام پیش کرنوں ہی بہتر ہے۔

حمد باری تعالیٰ

ہر شے ماہنہ تیرو ایر مِلے　　ہر اِک نا تیری خیر ملے
دینہہ رات تے شام دوپہر ملے　　توں صِفتاں آلو باخدا
حق لَا اِلٰہَ اِلَّا اللّٰہُ　　سچ لَا اِلٰہَ اِلَّا اللّٰہُ

....

نعتِ نبویؐ

یاہ کہیے جے یثرب غی گلیاں نا ترسے　　تے روضہ مقدس غی بلّیاں نا ترسے
وہ زم زم کھجوراں غی ڈھلیاں نا ترسے　　ہے عاصی گنہگار اُمت ماہنہ تھاری
میری دور ہوتی یہ ساری بیماری　　حرم غا سفر غی جے بنتی تیاری

....

گلہائے عقیدت

اُت باہج خدا غی مرضی غے کوئے ہور شہادت کے دیتو
وِیہ اعلیٰ، اولیٰ افضل تھا تاں حق شہادت رکھیں تھا
ہیں زندہ وِیہ جاوید قمرؔ ہوں اُن غی ماتم نہیں کرسوں
دَہس اُن بہتر غے بدلے یُوہ کم کیہڑو کرسکیں تھا

....

غزل

پورپ، پچھّم، سجّے کھبّے اس زمین توں اُس چن توڑی
بنڈ لیا سب ڈھاکہ ڈھیری پتھراں غا شہر ماہنہ

....

نظم

محمد شریف قمرؔ نے تقریباً تمام اصنافِ سخن ماہنہ تبع آزمائی غیہے اور کامیاب تجربا کیا ہیں۔ لیکن میرے نزدیک ''نظم'' اُن غی پسندیدہ صِنف ہے تے دِیہ نظم غا بہترین شعرا ماہنہ بغیر کِسے تردّد غے شمار کیا جا سکیں۔

قمرؔ نے کئی اِک شاہکار نظم تحریر غی ہیں۔ جن ناپڑھ غے صاحبِ کلام غی قلم اور الفاظ ور گرِفت تے اُن غا گہرہ مطالعہ غو بخوبی انداز و لایو جا سکے، ان غی نظم ''کیکر گلاب نہیں لگتا''۔ ''گفتی گفتی''۔ ''بچّہ غو بیاہ''۔ ''نموں جھانوں''۔ ''نفسونفسی''۔ ''کرونا''۔ ''بیکاری'' ماں بولی وغیرہ پڑھنڑ تے سننڑ نال تعلق رکھیں۔ کجھ نمونہ کلام

نظم ''گُفتی گفتی''

ہوں اتنی یار روائی کیوں
میری اِیڈھی جگ ہسائی کیوں
سب پُچھیں حال سودائی کیوں

ہے رنگ پیلّو سُک خون غیو
کوئے گفتی گفتی جھونڑ غیو

نظم ''جموں وکشمیر''

راکھی اُچا پربت اس غی — پیر پنجال ہیں عظمت اُس غی
شالیمار ہے زینت اُس غی — پیاری پیاری صورت اُس غی

''منکا موتی''، نیلم ہاروں گٹیاں غا چمکارا
قمؔر نے شاعری ماہنہ برصغیر غا دوجا کامیاب شعرا ٔ ہاروں اپنا مخصوص انداز ماہنہ کامیاب پیغام دیݨ غی کوشش کی ہے۔مثلاً

گوجری:......

آتی واری باری رکھے، دادا، باپ تے پوتا غی
جاتے ویلے اُس غی مرضی دادا رہیں یا پوتا رہیں قمؔر

اردو:......

باپ اور دادا پہلے آئیں تو پھر پوتا آتا ہے
آنے کی ترتیب ہے لیکن جانے کی ترتیب نہیں
ڈاکٹر نواز دیوبندی

گلزار تبسم
اہرہ بل کولگام کشمیر
۱/۱۰/۲۰۲۱ء

سوغات

فن غو ماہر قمؔر کمال ہے　　تھِندو جن غو مُچ خیال ہے
سخنوری غو ہیلّو سال ہے　　اِس دریا ماںھ اُچی چھالّ ہے
دِل ماںھ کھُبتو ادبی نسخو　　"منکا موتی"،لعل ہی لعل ہے
فن غو لاوے خیال ناںھ تڑکو　　ماہنہ بولی غو ہیر ولعل ہے
مٹھی بولی خیال خزانو　　سوچ سلونی سُکھڑ چال ہے
بال بگانے مُنھ کدلاوے　　ادبی جُوہ ماںھ اپنو مالّ ہے
تاؔج قمؔر غی ادبی یاری
تھِندی ناتے بے مثال ہے

قطعو

ایک لڑی ماںھ پو لفظاں نا
بنڈ دِتا جذبات قمؔر نا
"موتی منکا" چُن حرفاں غا
دِتی تاؔج سوغات قمؔر نے

چودھری تاج الدین تاؔج

حمد (مناجات)

بِسمِ اللّٰہِ الرَّحمٰنِ الرَّحِیمِ

حمدِ باری تعالیٰ

اعلیٰ اُولیٰ، سب توں برتر اللہ اکبر اللہ اکبر
بندو خاکی عاصی کم تر، اللہ اکبر اللہ اکبر
عرش وی تیرو، فرش وی تیرو، لوح قلم غو مالک توں ہے
خلق وی تیری، مُلک وی تیرو، سب جنساں غو خالق توں ہے
تیرا جنگل ، پہاڑ ، سمُندر ، اللہ اکبر اللہ اکبر
اعلیٰ اُولیٰ سب توں برتر ، اللہ اکبر اللہ اکبر
سردی گرمی تیری ربّا ، رات دھیاڑی تیری ربّا
گُل زمین اشماناں اندر ، موتٔی ماڑی تیری ربا
بیابانؔ خُشک تر اندر ، اللہ اکبر اللہ اکبر
اعلیٰ اُولیٰ سب توں برتر ، اللہ اکبر اللہ اکبر

تِتر ،مور ، چکور تے کوئل ، کُکّو گیت سناتو رِہ
کوہ قافاں ماہنہ سینہہ مُرگاں غا کیہڑو پیٹ بھرا تو رِہ
اندر باہر تیرا منظر ، اللہ اکبر اللہ اکبر
اعلیٰ اُولیٰ سب توں برتر ، اللہ اکبر اللہ اکبر
ہر ہر شے غو قادر کامل جو کجھ چار چوفیری دِسے
نوری نار چرند پرندہ سب مخلوق یاہ تیری دِسے
توں رحمان ہے کامل ماہر ، اللہ اکبر اللہ اکبر
اعلیٰ اُولیٰ سب توں برتر ، اللہ اکبر اللہ اکبر
مشرق توں لے مغرب توڑی سب غو مالک خالق توں ہے
کس توں کھسّے کِس نا بنڈے حاکم توں ہے رازق توں ہے
ہے قہّر وُہ پاک تے طاہر اللہ اکبر اللہ اکبر
اعلیٰ اُولیٰ سب توں برتر ، اللہ اکبر اللہ اکبر

حمدِ باری تعالیٰ

رب توں رحمان توں ستّار توں کریم توں
لا شریکا اوہ خدا غفّار توں عظیم توں
اول وی اخیر وی توں ظاہر وی ضمیر وی توں
لائقِ تعریف مولیٰ لائقِ تعظیم توں
سرتے لے غے پیرتوڑی ہیں انگ انگ جوڑیا
سب عنایت تیری ربّا اعلیٰ ہے نعیم توں
قہر تیرا دیکھ غے لعین جیسا دنگ ہیں
مہر و ماہ ماہنہ رنگ تیرو رحم کر رحیم توں
عاجزی تے بے بسی ماہنہ بس سہارو ہے خدا
راہ وی توں، رہبر وی توں قائم ہے مقیم توں

توں ہی توں

ہر شے اندر توں ہی توں ہے، ہر جا تیرا نشان
ساری جاہیں تیری پھروی، توں ہے لامکان

رنگ برنگا پنکھ پکھیرو ، قسم قسم غی بولیں
اَپنے اَپنے طور طریقے تیرا ثناء خوان

قطرہ پھُٹکا جوڑ غے ربّا بنْیں سمندر تیرا
سَت سمُندر قطرہ کر غے چاڑھ چھوڑے اسْمان

یہ تارا تے دہنہہ ، چن ربّا اپنْے اپنْے بَسیں
اِک دُوجا غے نالؔ نہیں اَڑتا اپنْی تھاں گراں

نوُر تیرا غا نوُری پردہ نورو نور غا مالک
تیری حمد سنانؔ ہے مُشکل دیئے جواب زبان

ست سمندر میل بنّیں جے ، قلم بنّیں رُکھ بوٹا
پھِر وی ربّا کہن نہیں ہوسیں، ذات تیری غا شان

دَیے جواب بصارت ساری عقل سماعت تھکے
کِس را کریں تعریف خدایا بے عقلا انسان

بلّتا دینہہ ماہنہ رات لیاٗنی گھُپ اندھیرو کرنوں
بستی ، ہستی ، پستی ، مستی بارش باد طوفان

موت حیاتی ، سردی گرمی سب تخلیق تیری ہے
شمس قمر غا دیوا ڈےّ روشن کرے جہان

مناجات

کامل رہبر کریئے مولیٰ کملی غی سرکار نا
زندگی عُقبیٰ محشر توڑی سیّدِ ابرار نا
اوکھے سوکھے مرتے ویلے چھوڑ مِناں پغڑایئے نا
ہر مشکل ماہنہ ضامن کریئے سیّدِ ابرار نا
اِک غلام غلامی منگے سیّدِ کونین غی
منگتو اِک سوالی ڈھونڈے ، آقا غا دربار نا
لکھ صلواۃ سلام پہچایئے ، نبیاں، مُرسل، ولیاں نا
لکھ کروڑ درود خدایا احمدِ مختار نا
دِل توں دور اندھیرو کریئے لانغے دین اسلام غی لَو
میری آس حوالے کریئے ، صاحبِ انوار نا
لِکھ داں قمرؔ مُحتاج نا ربّا ، نعت محمدی آلاں ماہنہ
ربّا خاص اِجابت دیئے میرا قول اِقرار نا

مناجات

حق لَا اِلٰـــہَ اِلَّا الــلّٰـــہَ
سچ لَا اِلٰـــہَ اِلَّا الــلّٰـــہَ
توں مالک سب جہاناں غو   نالے خالق جن انساناں غو
ہے کہڑو تیریاں شاناں غو   تیرے باہجھ عبادت نہیں روا
حق لَا اِلٰـــہَ اِلَّا الــلّٰـــہَ
سچ لَا اِلٰـــہَ اِلَّا الــلّٰـــہَ
تیری عظمت شان لولاکی ہیں   تیرا ناں ماہنہ ساری پاکی ہیں
تیرا نوری ناری خاکی ہیں   تیرو ! نبی محمد مصطفیٰؐ
حق لَا اِلٰـــہَ اِلَّا الــلّٰـــہَ
سچ لَا اِلٰـــہَ اِلَّا الــلّٰـــہَ
ہر شے ماہنہ تیرو اَیر مِلے   ہر اِک نا تیری خیر مِلے
دینہہ رات تے شام دوپہر مِلے   توں صِفتاں آلو باخدا

حق لَا اِلٰـــہَ اِلَّا الـلّٰـــہَ
سچ لَا اِلٰـــہَ اِلَّا الـلّٰـــہَ

لوح قلم تیری توں سب جانے سب موٹا ماڑا ٹھب جانٔے
کہڑو کس را رکھنٔوں رب جانے توں جا بجا توں بے پناہ
حق لَا اِلٰـــہَ اِلَّا الـلّٰـــہَ
سچ لَا اِلٰـــہَ اِلَّا الـلّٰـــہَ

تیری قُدرت غا سب چارا ہیں تیرا حکم غے طابع سارا ہیں
دِن رات نالٔے چن تارا ہیں دُھپ بارش پانٔی تے ہوا
حق لَا اِلٰـــہَ اِلَّا الـلّٰـــہَ
سچ لَا اِلٰـــہَ اِلَّا الـلّٰـــہَ

مناجات

تیرا گھر غی تڑپ ہے ساراں نا ایک بار بُلا لے یا اللہ
یُوہ دِل ہے تِسائیو زم زم غو ایک بار پلا لے یا اللہ

میں پنڈ گناہاں غی بدھ چھوڑی کدے جاںٚ غےوی انجانٚی وی
کہڑا دَر نا ڈھونڈوں تیرے بِن ، میرا عیب ہٹا لے یا اللہ

ہوں حاضر ربّا حاضر ہاں ، جے دِل توں جاری ہو جا تو
سنگ پار مدینے جاتاں غو اِک وار کرا لے یا اللہ

نجھ ساتھ رہیو بدبختی غو ، بد بختاں غو ہی سنگ کیو
دِیہ نیک خدایا جو تیرا ، اُن ناںٚ ملا لے یا اللہ

واہ پاک مدینہ غی دھرتی ، نالّے جالی گنبدِ خضرا غی
دس چھڑیئے صفا مروا نا ، نالّے غارِ حرا لے یا اللہ

سو باری توبہ کر چھوڑی ، ہر واری توبہ بھنّی میں
واہ توبہ تائب آخر غی ، اِک وار کرا لے یا اللہ

جِند جان قمرغی پھسّی رہی ، نت کالی رات اندھیری ماہنہ
کر پردہ اپنی رحمت غا ، میرا عیب چھپا لے یا اللہ

مناجات

پرورَدگار عالم ہے بس تیرو سہارو
ڈُب جے غی کشتی میری جے نہ کرے توں چارو

دُنیا غی موج دریا نے دِتو ہے روہڑھ منّاں
کاہلّی تے سُستیاں ماہنہ کرتو رہیو گزارو

دُنیا غی غفلتاں نے ، دِتو ہے روہڑھ منّاں
ہوں ہاں نِکمّوں پاپی ، سب تے بڑو نکارو

مائل نفس نے کیو ، ڈِٹھّو نہ چنگو پھیڑو
تانّی ہے اُلجھی اُلجھی آئیو ہے جد بُلارو

سنگن وفا نہیں کرتی ، ساتھی نہیں ساتھ دیتا
اپنا سمجھ غے جن غو ، لیو میں پاپ سارو

اُمت نبی تیرا غی ، عیبی ہاں عیب خاصا
ضامن بنائیے اُس نا ، شافعی ہووے وہ مھارو

دائم فضل ہے تیرو ، رازق رزاق توں ہے
خالق ستّار مولیٰ ، تیرو ہے سب نظارو

سید حبیب تیرا ، شمس الضحیٰ غے صدقے
توبہ ہے میری توبہ ، بے آس بے نیارو

رحمت توں کرغے اپنی بندہ غا عیب ڈھک لے
نہیں تے قبر غو آنو ہائے ہائے نیرو خسارو

مناجات

دِل غے اندر خوف وی ہے مان وی نصیب غو
ہاں خدایا بندو تیرو ، اُمّتی حبیبؐ غو
ہوں بلا شک غفلتاں غی نیند ماہنہ سُتّو رہیو
ہاں خدایا اِک گداگر ، ہاشمی طبیب غو
پَلّے میرے ککھ نہیں ربّا، بس گناہاں غو پہار ہے
توں ستّاری غا ستر کر ، پردو کر غریب غو
کاہلیاں تے سُستیاں ماہنہ زندگی لنگھا چھوڑی
ہوش آئیو بھاکھ آئی ، وقت ہے قریب غو
نفس غی خواہشاں ماہنہ ہوں ہمیشاں رُوہڑھ غیو
ہُنڑ دے ڈُبنڑ نا خدایا ، فاصلو جریب غو
مِن قمرؔ مظلوم غے سِر سائیو بنْتو اے خدا
نورِ عرفان ، نورِ قرآن ، سرورِ منیبؐ غو

نعت

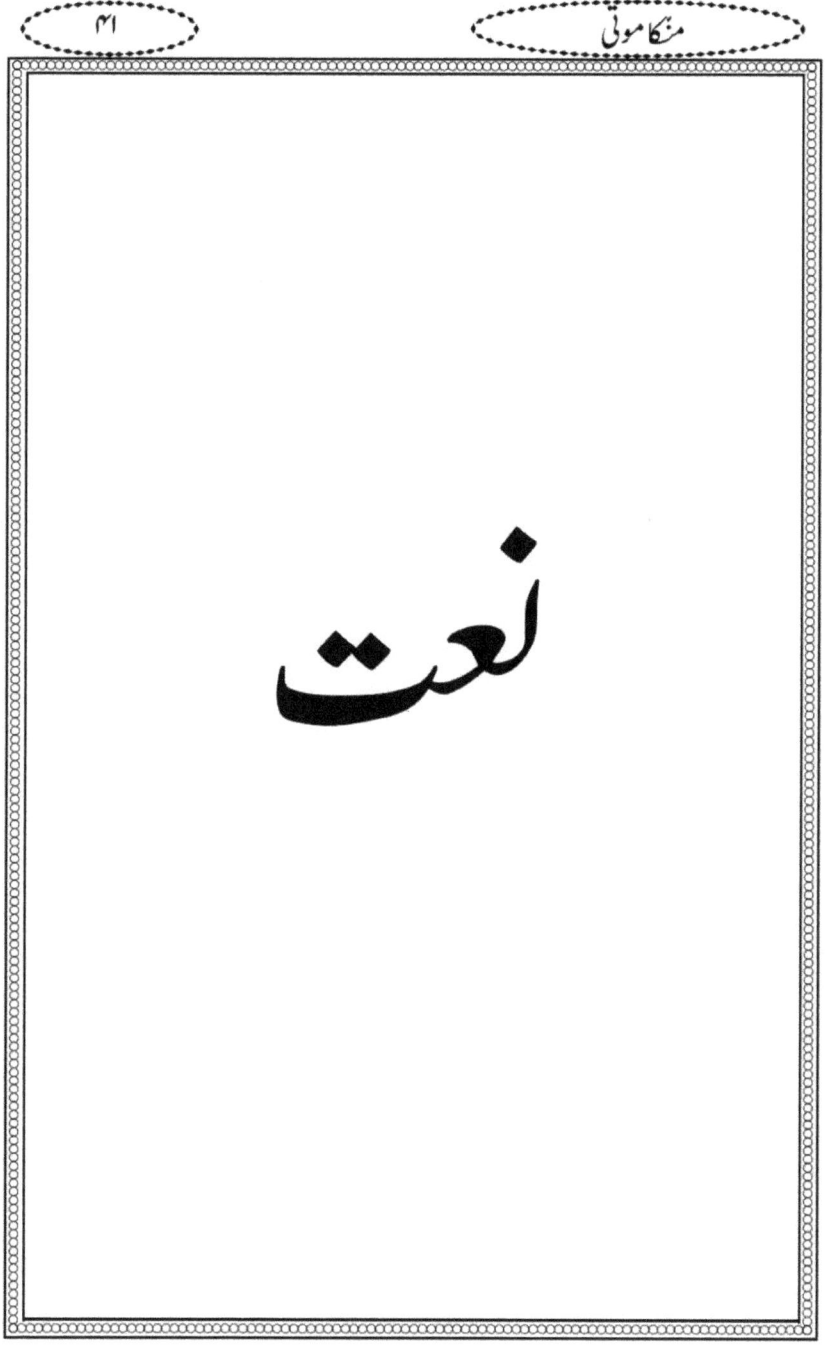

نعت

حرم نغے نگر کد بلانویں غا آقا
یاہ اُجڑی وی دُنیا بسانویں غا آقا

وہ نورِ محمدؐ ہوؤ تا نہی ظاہر
جے خستہ گری نا مٹانویں غا آقا

عرش توں فرش تک بچھی نوری چادر
فرشتہ کھلاّ ہیں جے آنویں غا آقا

نبی یا صفی سب خلیلی ، کلیمی
مقتدی منتظر تھا پڑھانویں غا آقا

العطش العطش ہووے چارسو جد
تسائیاں نا کوثر پلانویں غا آقا

عاصیاں نا جہنم نے جد گھیر لینّو
بہ حکم خدا کڈھ لیانویں غا آقا

قمرؔ نفسو نفسی غو عالم ہووے جد
اُمتی اُمتی ہی بلانویں غا آقا

نعت

مدینہ غو والی بڑی شان آلو
معراجاں غو وارث عرش جان آلو
محبوبِ دوعالم رسولِ خدا ہے
بعد از خدا مصطفیٰ مصطفیٰ ہے

ہٹائی مٹائی درندگی دے وحشت
ہوئی مُڑ غے زندہ اخوت محبت
فرش تے عرش تک مہمانِ خدا ہے
بعد از خدا مصطفیٰ مصطفیٰ ہے

وہ اوّل تے آخر غو والی ہے وارث
خدا غا حکم سنگ شفاعت غو باعث
ہے نور محمد، احمد مجتبیٰ ہے
بعد از خدا مصطفیٰ مصطفیٰ ہے

اُس پاک عظمت غی دَکھ پیتاں پیتاں
ملی بھُوم زندگی نا پھر سہتاں سہتاں

وہ جس غی وجہ توں، یاہ دُنیا بقا ہے
بعد از خدا مصطفیٰؐ مصطفیٰؐ ہے

قمرؔ بن جے لفظاں غی نعتِ محمدؐ
ہووے زندگی ماہنہ اطاعتِ محمدؐ

مِٹی بے حیائی وہ مُنبعِ حیا ہے
بعد از خدا مصطفیٰؐ مصطفیٰؐ ہے

میری یاہ دُعا ہے میری التجا ہے
بعد از خدا مصطفیٰؐ مصطفیٰؐ ہے

محبوبِ دو عالم رسولِ خدا ہے
بعد از خدا مصطفیٰؐ مصطفیٰؐ ہے

نعت

(بصورتِ ماہیہ)

سرکارِ دوعالم جی سرکارِ دوعالم جی
بس مناں آس تھاری یاہ دُنیا ہے ظالم جی
یاہ دُنیا ہے ظالم جی

..........o..........

سردار مدینہ غا سردار مدینہ غا
لاثانی ہے عالم ماہنہ کِردار سفینہ غا
کردار سفینہ غا

..........o..........

مولیٰ غا حبیبی ہیں اللہ غا حبیبی ہیں
مسکین غریباں غا تم خاص طبیبی ہیں
تم خاص طبیبی ہیں

..........o..........

مدنی سرور آقا مدنی سرور آقا
میری منگتی کٹوری نا کِدے فضلوں بھر آقا
کِدے کرموں بھر آقا

O

تم شافعِ محشر ہیں نبیؐ شافعِ محشر ہیں
مناں وی پلائیو نا تم ساقیِ کوثر ہیں
تم ساقیِ کوثر ہیں

O

تم لو ہیں اندھیرا غی آقا لو ہیں اندھیرا غی
اس گھُپ نماشاں ماہنہ کرو نظر سویرا غی
کرو نظر سویرا غی

O

رحمت غا فوّارہ ہیں عظمت غا فوّارہ ہیں
نبی اوہ محمدؐ جی مھاری اَکھاں غا تارا ہیں
مھاری اَکھاں غا تارا ہیں

نعت

میری ڈُور ہوتیں یہ ساری بیماری
حرم غا سفر غی جے بنتی تیاری

ہوا بن جا قاصد مدینہ ماہنہ جاتوں
میری خستہ حالت اُنھاں نا سُنٓا توں
سلاماں درُ وداں غے ناٹے پہنچاتوں
میری عاجزی تے میری انکساری

میری دور ہوتیں یہ ساری بیماری
حرم غا سفر غی جے بنتی تیاری

زمانہ غا قضیہ تے گرداب اِتنا
کہیئے جے عاجز غا، ہیں خواب اتنا
تیرا در غی ہکھّی غا بے تاب کتنا
جے سَد لیں حبیبی دے مِٹ جے خوّاری

میری دُور ہوتیں یہ ساری بیماری
حرم غا سفر غی جے بنّتی تیاری

یاہ کہیئے مدینہ غی گلّیاں نا ترسے
روضۂ مُقدّس غی بلّیاں نا ترسے
وہ زَم زَم کھجوراں غی ڈھلّیاں نا ترسے
ہے عاصی گہنگار اُمت ماہنہ تھاری

میری دور ہوتیں یہ ساری بیماری
حرم غا سفر غی جے بنتی تیاری

نعت

وُہ مکّہ غو وارث ، مدینہ غو والی
محمد غی عظمت بڑی شان آلّی
یاہ حسرت بنّے جے مدینہ ماہنہ جاتو دیکھوں قافلہ نا کِدے آتو جاتو
ہوں تکتو آ یثرب ، حرم دیکھ آتو ہوں روضۂ اطہر غی چُمتو آجالّی
وہ مکّہ غو وارث ، مدینہ غو والی
محمد غی عظمت بڑی شان آلّی
خالی ہتّھیں سودا نی ملتا بازاروں محمدؐ غے صدقے ہوں چُھولی پساروں
چھُٹّے جان میری مصیبت آزاروں عفو کر منّاں کر گُناہاں توں خالی
وہ مکّہ غو وارث ، مدینہ غو والی
محمد غی عظمت بڑی شان آلّی

نکموں نکاروں ہاں عیباں غو بھریو　　گناہاں ماہنہ ڈُبیو گناہاں ماہنہ مریو
ہے مشکل جے عیباں غا دریا تے تریو　　ہوں عاجز جو مسکین ہاں اِک سوالی
وہ مکّہ غو وارث ، مدینہ غو والی
محمد غی عظمت بڑی شان آلی
مُوہنڈے جس نغے کملی مزّمل، مدّثر　　معتبر ، محترم نائے افضل بشر
ہے نبیاں غو سید ، رسولاں غو سرور　　عبادت ، ریاضت ، شرافت نرالی
وہ مکّہ غو وارث ، مدینہ غو والی
محمد غی عظمت بڑی شان آلی

نعت

اِک وار مدینے سد لے نا ، سرکار مدینہ غے صدقے
کعبو پاک حَرم وی ، دَہس لے نا، سرکار مدینہ غے صدقے
ہونویں لکھ درود سلام میرا ، اُس احمد مُرسل برحق نا
من عرض میری ہُنڑ ، سب لے نا، سرکار مدینہ غے صدقے
او ٹھنڈی نِکّی لَو غی ہوا ، جے پار مدینے ہے جانوں
سنگ عرض خواہش ، بدھ لے نا ، سرکار مدینہ غے صدقے
اُس چمن عربی غی، دَکھ پَیتاں ، ہر چیز ماہنہ رونق مُڑ آئی
میرا عیب قصور وی ڈھک لے نا، سرکار مدینہ غے صدقے
میرو ٹبر ، قوم ، قبیلو سب ، قربان ہووے جِند جاں میری
میرو مُلک گراں ، سرحد لے نا ، سرکار مدینہ غے صدقے
روضۂ پاک محمدؐ غے کولے ، نالے پاک نشانی جو تیری
کسے حیلے بہانے ، جھب لے نا ، سرکار مدینہ غے صدقے
نہیں نعت محمدیؐ ، لِکھ سکتو ، یُوہ قمرؔ بے چجو بے عِلموں
من زِیر زَبر ، شدّ مَد لے نا ، سرکار مدینہ غے صدقے

نعت

مدینے بُلا لے اوہ یثرب غا والی
ہوں نوکر ہاں تھارو تھاری شان عالی
رُتبو ہے دُنیا ماہنہ تھارو ہی اُچّو　　اِخلاق ، اِخلاص تھارو ہے سچّو
کپّی نور تھارا نے ظلماں غی ڈاہلی　　مدینے بُلا لے اَوہ یثرب غا والی
ہوں نوکر ہاں تھارو تھاری شان عالی
مدینے بُلا لے اَو یثرب غا والی
آ ئیو حق تے باطل ہو یو مُڑ غے راہی　　ظُلم تے سِتم غی وِ یہ مِٹ گئیں سیاہی
گواہ ہے گواہ وا بانگِ بِلالی　　مدینے بُلا لے اَوہ یثرب غا والی
ہوں نوکر ہاں تھارو تھاری شان عالی
مدینے بُلا لے اَو یثرب غا والی
نمونوں ہے تُحفو ہے سرکاری تھاری　　فرش توں عرش تک ہے رفتار بھاری
عیاں ہے بیاں ہے معراجاں غا والی　　مدینے بُلا لے اَوہ یثرب غا والی

ہوں نوکر ہاں تھارو تھاری شان عالی
مدینے بُلا لے اَو یثرب غا والی
نبی تم ، شفیع تم ، ہیں خیرالانعام   نبیاں ، رسولاں غا تم ہیں امام
غریباں غا پرور یتیماں غا والی   مدینے بُلا لے اَوہ یثرب غا والی
ہوں نوکر ہاں تھارو تھاری شان عالی
مدینے بُلا لے اَوہ یثرب غا والی

نعت

اُس شہر غی گیٹی پتھر وی ہیں لعل جواہر توں چنگی
جس شہر ہیں روضہ حضرت غا اُس شہر نا ہووے کد تنگی

اُس گھر غی حالت کے ہونئی ، جِت آپ حبیبی داتا ہیں
کاش میری تقدیرے توں اُس گھر تک ہوتی آ سنگی

ہے شان رسولِ اکرم نا جد اُمت غی غمخواری غو
میری آس اُمید غی گٹھڑی سب اُس گھر غے بُو ہے رہیں ٹنگی

جت رَب غی رحمت غی چادر ، جِت نور خدا غو برھتو رِہ
جس گھر تیں خالی نہیں مُڑتا ، میں بھیکھ اُسے در غی منگی

ہے قمرؔ عنائت مہراں غی، اُس اُمت ماہنہ ہوں شامل ہاں
جِت برق براق محمدؐ غی ، اَشماناں توں وی جا لنگی

نعت

ہوں ہور کسے نا کے لکھوں ، میرو یار وی توں دلدار وی توں
مِن عاجز اوگنہاری غو، ہے مان وی توں بڈیار وی توں
میں ہوش سمبھالی چھولی ماہنہ جت روشن روشن دیوا تھا
میری رُڑتی بجُھتی دنیا غو ہے ساہ وی توں سنسار وی توں
اُس نور نورانی روشن تے جت چن سارا شرما بیٹھا
ہے نورِ خدا غا تارا غو وہ چمک وی توں چمکار وی توں
تیرا ایک وسیلہ غی خاطر یہ دوجہاں آنؔ آباد ہوا
کر چھوڑیو اللہ مالک نے ، آخر وی توں اگیار وی توں
جد کشتی ڈولیں ڈُبنؔ نا ، جد چپّو ہاریں لہراں ماہنہ
اُس روز غی نفسو نفسی ماہنہ ، ہے محرم وی غم خوار وی توں
نہیں عمل ہے پنڈ ملامت غی جے رحمت رب غی ہوجاتی
ہے قمر غلام غلاماں غو رکھ لاج میری سرکار وی توں

گلہائے عقیدت

گلہائے عقیدت

حضرت امام حسینؓ

ماہتاب رسالت غا مُوہنڈا جس پھُل نا سامیں چکیں تھا
جِت لمّاں ہوجیں تھا سجدہ آنحضرتؐ ہور نہیں تھکیں تھا
ہے حسنؓ حسینؓ ،علیؓ ،زہرؓا ،نا لے آپ نبیؐ سرور آقاؐ
جس پاک گھرانہ غیٖ عصمت کُجھ خاص ملائکہ تکیں تھا
جس باغ غی پتر ڈالی نا آنحضرت پَر سے لاویں تھا
ہیں سچ مُچ وِیہ لاچار بڑا ،جہڑا اُت عداوت رکھیں تھا
اُت باہج خدا غی مرضی غے کوئے ہور شہادت کے دیتو
وِیہ اعلیٰ ، اولیٰ افضل تھا تاں حق شہادت رکھیں تھا
ہیں زندہ وِیہ جاوید قمرؔ ہوں اُن غی ماتم نہیں کرسوں
دَہس اُن بہتر۷۲ کے بدلے یُوہ کم کہڑو کرسکیں تھا

گلہائے عقیدت

امام عالی مقامؓ

کرب بلا غی اُس شہادت نا سلام
تیری ہمت تیری طاقت نا سلام

اَگ لگے فرات تناں اَگ لگے
تس تِسائی تیری حالت نا سلام

پوٹ غے بھکھ آپ دیتو ہوراں نا
اُس قناعت اُس سخاوت نا سلام

نا مرادو وہ شمر رِہ بے مرادا خارجی
علی اصغرؓ ، عونؓ ، زینبؓ نا سلام

سجدہ ریزی ہوکے کرنوں سر فدا
اُس عبادت اُس ریاضت نا سلام

نیزا تے تلوار ماھنہ رب غی رضا
اُس طریقت اُس طہارت نا سلام

رکھ گیا ہیں دین رَبّ غی لاج تم
تھاری عظمت پاک دعوت نا سلام

دین غا دشمن ہوویں نابوُد سب
سب اِماماں غی امامت نا سلام

گلہائے عقیدت

مرثیہ

حقیقت ، طریقت ، شہادت اُسے غی
شریعتی بقاء ماہنہ رفاقت اُسے غی

ہے کربل غی دھرتی غی اصلی حقیقت
شہیداں نا مِل گئی امامت اُسے غی

نہ قیصر وکسریٰ ، نہ کُوفہ غا جھنڈا
ہے دُنیا ماہنہ باقی سخاوت اُسے غی

حضرت عمرؓ توں آلِ علیؑ تک
خیانت کِسے غی رفاقت اُسے غی

سباء بن یمن وے یا وے ابنِ زیاد
تھاچھوٹھافتوری صداقت اُسے غی

عیاری ، مکاری ، حواری غو ورثو
ہے آلِ نبی توں عداوت اُسے غی

قمؔر ہے صداقت ، دِتی جان حق وَر
ہے دُنیا اُسے غی ، قیامت اُسے غی

مدح شریف

آنجناب پیر دستگیرؒ

آ دِلا پڑھ لے مدح پیر پیرانِ پیر غی
سید الغوثین غی ، پیر دستگیر غی

معرفت غا ہیں سمندر عارفانہ ٹھاٹھ ہے
اُچی اُچی نسبتاں ماہنہ پیر دستگیر غی

عالمِ انوار غی، حضورؐ غا کردار غی
ہے مکمل اِک نشانٔی ، پیر دستگیر غی

چور ڈاکو غوث بنٔیا جس ولایت نے طفیل
ہے مکمل یاہ سچائی ، پیر دستگیر غی

سب کرامت اُس ولی غی، ڈولی چڑھنی یاد ہے
ڈُبتی کشتی پار کرنی پیر دستگیر غی

ہے عنایت رب غی رحمت، تاں کرامت ہیں قمرؔ
تا قیامت قائم رہیں غی ، پیر دستگیر غی

غزل

غزل

جس نے ہاں نہ کرتاں کرتاں میرے کوتے آئی شام
میرو اُس غے ناں ہے سارو کتیو تمیو تائی شام

میکدہ ماہنہ اَپنے اَپنے کیہڑو پچھے کتوں آئیو
ساقی تاڑے کس راگزرے دیوانی مستانی شام

ڈونڈھیں لوڑیں جرسیں تڑفیں اپنی اپنی مستی ماہنہ
رِم جھِم جام ، کٹورا ساقی سجن سنگی ہانی شام

کہہ چھڑیئے اِس دل نا اَڑیا نہ کر ایڈ وفا غی لوڑ
جس غی سنگت اَوکھی دِن ماہنہ، اُس نے کد بنڈھانی شام

لے غے کہڑو روگ قمرؔ، یہ اپنی اپنی منزل پے جیں
نیل گگن غا تارا نالے نین میرا غو پانی شام

غزل

ہائے ہائے دُنیا نا کیسی اَنا کھا گئی
بے وفائی وے ساریں وفا کھا گئی

وِیہ رونق، وِیہ محفل، وِیہ دربار ساری
کِسے بدُعا غی ، دُعا کھا گئی

ہمدردی ، احساس ، لیو لگی
میری بستی تے سفن سفا کھا گئی

واہ نکّاں غی اُلفت بزرگاں غو پردو
بے حیائی وے ساری حیا کھا گئی

ہوگیا ہولاؔ تیلا تے رُوہڑاں توں ہم
مھارا عملاں غی ساری خطا کھا گئی

وِیہ بصیرت بصارت یرا مُک گئی
اداکاریاں غی ادا آگئی

ہم تھا وارث تے حصّہ ماہنہ تھی جو قمرؔ
مھاری قسمت نا کہڑی بلا کھا گئی

غزل

لارا پارا نالؔ اِشارا ، پیار ما یار جفا ہے اج وی
میرو دیکھ خلوص تے نیت رکھی شرم حیا ہے اج وی

پتھر ہاروں تتّاں پوجوں مِنّاں دَہس تسلیم نہیں ہوسیں
بنڈے بَرتے ہِتّاں مِنّاں میرو وُہی خدا ہے اج وی

لالے تتّاں جِتنا لانا جھوٹا شان غرور غا جھنڈا
سچ نے آخر باندھے آنوں میری یاہ ہی صدا ہے اج وی

پیار محبت عزت شفقت کولؔ میرے سرمایو اتنو
پریم پیار غی پوجا کرنی ، میری یاہ ہی خطا ہے اج وی

یار سلامت صحبت باقی ، قول قمؔر اشناواں غو
ربّا یار سلامت رکھیے ، میری یاہ ہی دُعا ہے اج وی

غزل

نِکّی نِکّی کھیڈاں نا ، توں بہلی بہلی توڑ جا
کوسہ کوسہ اُتھروں داں ، میرے کوئے چھوڑ جا
لہو لے نچوڑ بھانویں ، ہتھاں نا رنگین کر
جانوں جے ہے اچاں سنگ ، مندھراں نا موڑ جا
بھُل جا وِیہ وعدہ تیرا ، جِت جِت ہوئیا تھا
کڈھ غے کتاب بچوں ، خط چھٹی روہڑھ جا
پھس گئی بیڑی ہُݨ چھلیاں غا قہر ماہنہ
کشتی نا ہوڑ جا ، چپّو نا تروڑ جا
کانہہ نا سمجھاوے ہُݨ ، جے رب لبسے دِل ماہنہ
ٹُٹّی پھُٹّی پھیکراں غو ، دِل میرو جوڑ جا
گوہڑہ غے توں کھائی ماہنہ ، چلے جا ضرور بھانویں
کفنی فراق آلی ، آپے ہتھیں جوڑ جا
سٹ جا شریف نا توں ، آسرے فراق غے
جہڑے پاسے جا ہوے دِل ، ننگے پیریں دوڑ جا

غزل

دِل ماہنہ بسنوں بسانوں بڑی گل ہووے
غیر اَپنوں بنانوں بڑی گل ہووے
میل جُسہ غی دھو دھالیں سارا مگر
داغ دِل غو دُھوانوں بڑی گل ہووے
پیار ہونوں یا کرنوں ہے رسمِ جگر
پٹھی کھل نا لواہنوں بڑی گل ہووے
پھوپھی ، موسی یا چاچی ہونویں ماں بجا
فرض ماہنہ غو نبھانوں بڑی گل ہووے
سُتا لوکاں نا سارا جگا لیں مگر
بے سُرت دِل جگانوں بڑی گل ہووے
قاضی دَسیں قمرؔ سچ نا شرطِ اوّل
سچ نا گھر ماہنہ چلانوں بڑی گل ہووے

غزل

پریم پیار خزانوں بنڈاں
آجا یار یرانوں بنڈاں
ہسنوں رَل غے جے ہے مُشکل
رونوں تے کرلانوں بنڈاں
مُلکاں ماہنہ جے پے گئی لیک
آ اِقبال ترّانوں بنڈاں
بنڈ لیا جے پہاڑ تے پانی
پھانڈو ، چھبڑھ ، برہانوں بنڈاں
بنڈیں بنڈ کھلاڑا بنڈیں
گوڈی ، راہنوں باہنوں بنڈاں
بنڈ سکے تاں قمر بنڈھا لے
پچھلو روگ پرانوں بنڈاں

غزل

مَے پِلاؤنی تاں ایسی پِلاؤ ساقیا
جِس نا پی غے نہ بھُلے خُدا ساقیا
پیتو پیتو رہوں بھر بھر کٹوراں غے سنگ
نہ ٹھَلا ، نہ ٹھَلا ، نہ ٹھَلا ساقیا
ساراں رنگاں غا رنگنڑ ماہنہ ہے جس غو رنگ
اُسے رانگی غے سنگ لے رَلاؤ ساقیا
ڈے مے دیہنہ چن یا تاراں نا جیہڑی سلو
اُسے لَو یا سَلَو نا تُخا ساقیا
دے تصوّف فقیری تے وحدت غا پھُل
لے عقیدت غے چولہے چڑھا ساقیا
ساز جِس غا ماہنہ عرشی تے فرشی ہونویں
بنڑ جے ایسی قمؔر اِک مداح ساقیا

غزل

چھوٹھا یار دِلاسا دینڑا کد توڑی
کاغذ غا پھُل ساوا رہنڑا کد توڑی
ہوں مَنّوں تقصیر ہے لکھیا لیکھاں غی
اِک پاسا اِک پاسا رہنڑا کد توڑی
من لیو کھڈیال ہاں تیری کھیڈاں ماہنہ
ٹھٹھا بول دے ہاسا رہنڑا کد توڑی
سنیو تھو جے ہر شے غی کائے اَنت ہووے
جور جفا میں خاصا سہنڑا کد توڑی
پیار کیو تاں پیار غی قیمت جانّے غو
رتی ، تولہ، ماسہ رہنڑا کد توڑی
بس قمؔر سرمائیو رکھ لے آساں غو
بے آسا ، بے آسا رہنڑا کد توڑی

غزل

یار آشنائی کل بھُل جانٔی — یار بناؔ لے رات غی رات
پہلکیں ڈیرا کُوچ ہوویں غا — ستھرا ڈاہ لے رات غی رات
سُوہنوں حُسن جوانی چنّاں — چلمِل چلمِل تیری چال
سرموں کُوچو ، گانو ، کنگن — لالے لالے رات غی رات
توں محلاں غی رانٔی ساونؔ — محل پرائیا رُوپ پرائیو
سونو، چاندی ،موتی ، منکا — پالے پالے رات غی رات
دو دن ہسنؔ کھیڈن غا ہیں — دو دن مان جوانی غو
ٹُٹ جے غی یاہ ڈور پرائی — ساہ لے،ساہ لے رات غی رات
قمؔر ہے ریت رواج حُسن غو — سؤلی چاہڑے ہستاں ہستاں

یوسف بردو ہوکے بِکے
بولی لالے رات غی رات

غزل

ہنجوں نِیر طوفان چھپا غے سینہ ماہنہ
لوک مریں ارمان دبا غے سینہ ماہنہ
اُس نے اندرو اَندری دِل نا چوس لیو
جو رکھیو سُلطان بنا غے سینہ ماہنہ
پچُھے کیہڑو دِل نا آخر لبھّے کے
بے قدرا بھگوان بٹا غے سینہ ماہنہ
کوثر ہاروں اِک دن اکھیں اُمے غو
کیوں رکھیو طوفان بسا غے سینہ ماہنہ
تیرا سجدہ تیرے کولوں پچُھیں غا
کیوں رکھیا شیطان چھپا غے سینہ ماہنہ
چھٹ گھڑی مزوان قمؔر ہے گل اُس غی
''سام غے رکھیئے غزل بنا غے سینہ ماں''

نوٹ:......طرحی مصرعہ۔''سام غے رکھیئے غزل بنا غے سینہ ماہنہ''

غزل

پیار غے بدلے پیار بنے غو کیہڑے دن
اوہ بے دردا یار بنّے غو کیہڑے دن

گھُمنّ گھیری رات اندھیری چن غی لوڑ
عید ، ہولی تہوار بنے غو کیہڑے دن

پیار، محبت ، عزت ، شفقت سارا رنگ
مُڑ ایسوں سنسار بنے غو کیہڑے دن

عادت ہوگئی چوگ چُگنّ غی بچاں نا
اُڑتا باز غی نہار بنّے غو کیہڑے دن

متھّا غی تقدیر نا ہوں بدلا تو آ
شب برات غو بار بنّے غو کیہڑے دن

گھڑیاں غو مِزوان قمؔر ہے دُنیا ماہنہ
دس نا وہ غمخوار بنے غو کیہڑے دن

غزل

جو بنڑ غا رنگ رُوپ نظارا اُڑ جیں غا
ٹُرتاں ٹُرتاں آخر ، سارا ٹُر جیں غا

پھُل ، گلابی ، نیلا ، تلا باغاں غا
ساوا پتر پیلا ہوگے بھُر جیں غا

ہور سودا گر سودو کرتا آنویں غا
بستی غا بسنیک پُرانا مُڑ جیں غا

اُچا اُچا اُڑتا باز کبوتر سب
رُت منگھر غی آتاں جھُرتا جھُر جیں غا

عیب ثواب عذاب قمرؔ نت بھوگے غو
زندگی غا دن چار اُدھارا تھُڑ جیں غا

غزل

خواباں ، خیالاں ، ماہنہ ہر ساعت گذرے
جواباں سوالاں ماہنہ دن رات گذرے
جدائی غی پنڈ ہیں ، بھریری میرے پہاہ
تیرے عیش عشرت مُلاقات گذرے
خوشی بستی ڈِھّیں ، میں اُچے اُچیرے
غریباں غی بستی ماہنہ برسات گذرے
دن رات کڈھے ، خوشی ماہنہ تُوں شائد
میرا دِل نا بچھ لے کے حالات گذرے
زندگی وفا غی ، ترکھڑی نہیں سِدھی
یاہ ہاڑے تے تولے خرافات گذرے

غزل

گیت وفا غا اِک دن تم وی اڑیا چُھنکیں گانویں غا
آپ مُہارے غزل میری غا ، بول کدے جو آنویں غا
آپ دھیانے بیٹھاں سُتاں جد کوئے چہرو اُبھرے غو
اَکھ ڈبلاتاں کاگ ، کبوتر بلیوں دُور اُڈانویں غا
خواب خیال ماہنہ دیکھ کسے نا اَڑیا تم بدّ رِکّیں غا
سَجّی ، سُسر ، ستھرا ہاروں جس دن دور بگانویں غا
ترلا پیار پریم غا کیا ، بھیکھ وصل غی منگتو رہوں
جس دن کفنی گل ماہنہ پے گئی ، سارا دوڑیں دھانویں غا
اپنے ہتّھیں ٹور غے مناں اَوڑک تم پچھتانویں غا
ہوں نہیں ہوسوں اَڑیا اِک دن رویں غا کرلانویں غا
نکی موٹی جیتا جی گی، دہس قمرؔ اِت منّیں کونڑ؟
اَڑیا اِک دن میں وی رُسنو جتنو یار منانویں غا

غزل

دُنیا ہے ایک خواب برابر ، تاج تخت نا کرنو کے
دولت مال کماوے کانہہ نا ، قبر تیری ور دھرنو کے

دولت جوڑ قارون نے رکھی، بڑو شداد وی ہویو رے
ہتھیں دے جا جو کجھ دیٹو روز قیامت سرنو کے

سارا رشتہ ناطہ چُھوٹھا چھوٹھی اِت غی یاری ہیں
کانہہ نارات دھیاڑی جوڑے، لے غے تناں مرنوں کے

سنگن سہیلی چار دِناں غی آخر ساتھ نبھاوے کوݨ
کانہہ نا عقبٰی گالے اپݨی ، دوزخ اندر کڑھنو کے

قمر خدا غی رحمت لوڑے ، مہر شفاؑ وی منگے
کملی کالی سائیو بݨ جے ، ہور خزانوں کرنوں کے

غزل

غم بنّیا غم خوار رقیبا اج توڑی
سُکھاں غو تکرار حبیبا اج توڑی

سو سو واری سولی چاہڑھ سنسار کرے
کر غے کتنا طور طریقہ اج توڑی

جند نمانْی پختے چولہے چاہڑھ چھُڑے
عشق نہیں ڈُریو بحرِ عمیقا اج توڑی

ہاڑا ساڑا ہجر جدائی میرے پہاہ
توں کے دیکھے حال طبیبا اج توڑی

جنتر منتر سپ ٹھُواں غا سکھیا تھا
ڈنگے توں ہر بار نصیبا اَج توڑی

توں بدناں نہ ہوجے ساونؔ برتا توں
تاں جھلی ہر ساڑ شریکا اج توڑی

کر کر حیلہ تھکی قمؔر نجومی غا
نہیں مِٹیا یہ لیکھ نصیبا اَج توڑی

غزل

عاجز دِل مسکین اِس پاسے
نیلی سِل سنگین اُس پاسے

میرے شہر کیوں غم اوَلّا
عیش بہار رنگین اُس پاسے

اُجڑی اُجڑی بستی اِت غی
نحرہ پہار شوقین اُس پاسے

عشق گماوے سب کجھ اِت غو
حسن ہے امن امین اُس پاسے

اِک پاسے سر بازی لا غے
ٹلے تول حسین اُس پاسے

ہجر رواوے لہو غا اَتھروں
نازک نرم جبیں اُس پاسے

ہے اِت رات مہمان قمر بس
آتو نہیں یقین اُس پاسے

غزل

زمانہ غی ہواواں نے حُسن نیلام کر دِتو
سودائیا حُسن آلاں نے عشق بدنام کر دِتو
یرا اِقرار غے صدقے کدے اِنکاری ہو جاتو
لپا لارا نے اوہ چناں کِدے سِر سام کر دِتو
کسے غی واویلا نا وی زمانوں دُھوڑ ماہنہ روتے
کِسے غا اِک اشارا ور سر قتلام کر دِتو
تیرا عاشق تیری خاطر نہ جانے کے مُل کرتا
تھی منڈی پیار آلاں غی ، مناں بے دام کر دِتو
حُسن غے شہر محبوباں نے تھو دِلدار نا سدنو
دیواناں غی دِیوانی نے مسلو عام کر دِتو
میری عرضی نجھ پہچی ، عدل غی اُس عدالت ماہنہ
توہینِ عدالت غو جُرم الزام کر دِتو
نہ جانے کیوں ستم اُن غا ، میرو ویران گھر لوڑیں
قمر تھو پیار غو قائل خیالِ خام کر دِتو

غزل

تیرا اس پیار غی خاطر یارا بدنام ہوئیو کانہہ نا
نہ دِل دِتو ، نہ دِل لیو اینویں بدنام ہوئیو کانہہ نا
زمانہ نے بھلا کِس نا خوشی ماہنہ جینڑ دِتو تھو
میرو مرنو یقینی تھو ، تِتاں اِلزام ہوئیو کانہہ نا
اِنے راہیاں ماہنہ رُلتا رہیں مسافر تے مسافر ہیں
نہ وے ہٹّیں نہ راہ ٹُٹیں ، یوُہ رستے جام ہوئیو کانہہ نا
قتل گاہ ماہنہ وِیہ ہی ہتھ تھا جھڑا ہتھاں غے مہندی ہے
ہے فطرت پیار غی اُلٹی ، یرا قتلام ہوئیو کانہہ نا
لیلیٰ نے زمانہ ماہنہ بڑا مجنوں کیا گھائل
عشق غی ریت اُلٹی ہیں پچھے میری گلفام ہوئیو کانہہ نا
قمر ڈھونڈے تھو راتاں ماہنہ ، نکی لو غا تارا نا
وہ اِک چڑھ جے تے اِک ڈُب جے سویرے شام ہوئیو کانہہ نا

غزل

ثانی اوہ غزلے تیرو ، مِلنو محال ہے
چن چوہدویں غی رات غو، تیری مثال ہے

اَڑیا یہ نین تیرا ، قاتل ہیں اتنا کیوں
گھائل ہے شہر سارو، بستی بے حال ہے

سٹ غے زمانوں سارو، تیرو نہیں ہوتو تیرو
کیسی ادا ہے ظالم ، ظُلمی خیال ہے

رُخ توں یُوہ پردواپنو کے سوچ غے ہٹاوے
سُنیو وفا غی نگری اج کل کنگال ہے

ہویا ہیں کتنا گُم سُم کتنا کیا صدائی
تیری وابستگی وی کیسی کمال ہے

اج تک ہیں یاد سجری، تازہ ہیں ڈَم ہجر غا
تیرا فراق ماہنہ ہُنّ دن ہے نہ سال ہے

ممتاز ہے قمرؔ کہو کنئیں تاج محل تجیا
غالب غی غزل توں اُچو جمال ہے

غزل

تِتّاں محل مبارک اَڑیا ، میری گُلّی ڈھایئے نہ
جے کر کرنٔی شوق برابر ، میری کھل لوہایئے نہ

تیرے دولت حسن جوانی ، چرچو چار چوفیری ہے
زور جے لانٔوں ڈھونڈہ برابر، لِسّاں ور اَزمایئے نہ

تتّاں فرش قالین دے صوفہ ، نالے چار دیواری ہے
چتّاں چوتا ڈھارا اُپر، ساونٔ ہور برھایئے نہ

عادت تیری روغنٔ یخنی، نالٔے دُدھ ملائی غی
مِتّاں بس سرمائیو دِل ہے ، بھُنٔ کباب بنایئے نہ

قمؔر وفا غا قاضی بھُکھا، تولیں ہاڑیں اُلفت نا
پیار غا سُوت غی اَٹی ہولٔی ، اِس عدالت جایئے نہ

غزل

اَڑیا نصیب غا ہیں ، لکھیاوا لیکھ سارا
پے گئی جدائی پلّے ، جد ڈُھونڈیا نظارا

اج نہیں تے کل وفا غو بدلو ملے غو شاید
اِسے بھُلیخا ماہنہ ہی مِلتا رہیا خسارا

چُن چُن نغمے تیلا رُوڑا ، جھُگی وفا نے چاہڑی
ظالم حُسن غا پھانڈا نے ڈھایا ہیں سار اٹھارا

ظاہر عزیز نے جے ، یوسف خریدیو تھو
باطن ماہنہ کے سزا تھی ، ڈَھکیا ہیں کئی نظارا

ہووے مبارک اَڑیا ، وہ محل وہ چوبارو
کُلی غریب غی ہے ، ڈھایئے نہ خدارا

دینہہ چن نے گھیر رکھی ، کانہہ نا آقمریاہ دھرتی
کِس غا فراق ماہنہ پھر ، پہکھتا رہیا یہ تارا

غزل

میرے حصّے ٘تس آئی ، ہوٹھے سارے جام ہے
اوہ لیکھ لِکھنڑ آلیا، کیسو یوہ نظام ہے

میکدہ تے محفلاں غا دِن ہوٹھے بنڑیا
کالی کٹ رات آلی میرے حصّے شام ہے

اُس چن جی غی لاٹ نے عاشقاں نا ڈمیو
ہے وصلاں نے جان لینڑی، گل سرِ عام ہے

تکتاں ہی دَکھ دُوروں بھُور چڑھے سولی ور
دِل لانڑ آلاں غو ہووے یُوہ انجام ہے

سختی غا دِن ہوویں ، رات گننڑیں تاراں نا
سہتاں سہتاں زندگی غی، ہووے کِدے شام ہے

غزل

نہ پہُول پلیخے پیار کرے
کوئی جوگی اکھ نہ چار کرے

ہے دُنیا بے وفائی غی
ہر عاشق نا سنگسار کرے

یاہ بھُکھی محل میناراں غی
جھب جھگیاں نا سنسار کرے

اقرار غا بھول بھلاوا ماہنہ
انکار کرے ، انکار کرے

سیک ہجر غا دم جفا غی
سِر کھے کیہڑو پیار کرے

جِت یار قمؔر سَن لاتا رہیں
اُت کس غو کوئے اعتبار کرے

غزل

یاداں غو سرمائیو دِل ہے
مُڑ مُڑ میں اَزمائیو دِل ہے
مھیس چرائی پہیکھ منگائی
جد وی جس نے لائیو دِل ہے
اکھ روائی لو گھٹائی
پیارنے جد ترسائیو دِل ہے
بحر عمیقوں عشق غے دریا
اگے پچھے سائیو دِل ہے
گھاٹو ہے منظور سو واری
سب کجھ دے غے تھائیو دِل ہے

غزل

محبت غی گل کانہہ نا چھیڑے توں چَھلیا
کیوں اُلجھی وی تانی بٹیرے توں چَھلیا

ہوئی پیار تیرا ماہنہ ، ہوں کملی سودائی
مناّں کیسی چھِڑ جی چھیڑے توں چَھلیا

ہوں سوچاں غی چادر رہوں بُنتی بنّاتی
کیوں رَبجھاں غی تانی اُدھیڑے توں چَھلیا

ہجر تے جدائی غا ہاڑا او ساڑا
یہ درد و الم کانہہ نا سہیڑے توں چَھلیا

یہ بھامبڑ پَخاہ غے تلّیں ماس تن غو
لکیراں فقیراں نا ایڑے توں چَھلیا

یاہ اَگ ہے یاہ سیکے غی پھُرنا نا کھیے
کیوں سجّی سہاگو کسھیرے توں چَھلیا

قؔمر باندھے باچھڑ ہے داعووٗ فریبی
نہ ہتھ نا گھُمایئے اندھیرے توں چَھلیا

غزل

دُنیا بھانویں قائل ہوجے ، تیری اُن اَداواں غی
میرا دِل نے منّی ہے کد ، جوٹھا اُن خداواں غی

تیری مورت پتھر ہاروں لیک لُکائی رکھیں لوک
عاقل کہیں اُمید نہیں رکھنی ، اُچا رُکھ غا چھاواں غی

دِل مِلے جے اَکھ مِلا یئے ،نہیں تے پردو چنگو ہے
بھاء بنڈاتاں کھوہ ماہنہ لاہنوں عادت رہی بھراواں غی

دِل غی خوہ کمینی ایسی نفعو تروٹو دیکھے کد
نہیں تے اج کل لوک ہیں اُنگا جِنگا رُخ ہواواں غی

سُرموں کاجل مہندی پوڈر، بالی ،کنگن چھٹّیں غا
قمر مِٹّی نے مٹّی ہونوں ، ڈور ٹُٹّے جد ساہواں غی

غزل

آ میرا محبوب تھوڑی ، وِیہ پرانٛی گل کراں
اِک دوجا وَر مِر مٹنٛ غی پھر ایانٛی گل کراں

رکھ لیاں داں لاج دوۓ ، اِک دوجا غی جو ہُووے
آگئی ہیں پیار ماہنہ ، کِت غی یہ مانٛی گل کراں

کانہہ نا ڈھونڈے کاغذی پھُلاّں غے بچوں یُوہ گلاب
دے گئی ہیں طعنٛاں معنٛاں یہ جھِٹانٛی گل کراں

آنصیبا لیک چھوڑاں اِک دوجا غا لیکھ نا
بنڈھ لیاں غا نالٛ ہوگے سبھّے ویرانی گل کراں

کے بھروسو زندگی غو سُوت تانٔی کدھ تھُڑے
ڈیکتاں ہی ڈیکتاں مُک گئی جوانی گل کراں

پیار غی سوغات ماہنہ ہر عنائت ہے قبول
تیرے بدلے ہی صیح ، تیری نشانٔی گل کراں

کیوں قمرؔ پھلپھوٹ پے جے، دیکھتاں اِک اَئیر نا
ہوں تے اپنا لیکھ لکھیا غی حیرانٔی گل کراں

غزل

اوپرا اِس شہر ماہنہ ہوں تے آنٔوں آ گیو
پیار غو مُورکھ پلیخو نہیں تھو کھانٔوں کھا گیو

کے پتو تھو اِس کھڑا ماہنہ کتنا سُتا ہار غے
جگ دوہاں غا بھار غونٔوں، پہار پہارو چا گیو

اس سفر ماہنہ سارا تھکیں ، شیریں وی فرہاد وی
عشق غی بازی سودائیا ، نہیں تھی لانی لا گیو

سارا میرا اگے پچھے ، ہو گے مناں ٹھگ گیا
جہڑو آئیو ہوں گُمہائیو ، دِل میرو ٹھکرا گیو

عشق غی اِس داستان نا، حرف حرف پڑھ غے قمرؔ
اَوہ نصیبا توں تمل غے ، دِل میرو تملا گیو

غزل

دِل بے ہُد رو پیار کرتاں، کیہڑے پاسے ٹہلؔ گیو
عشق اڑیا چُپ چپتو بیہڑے آ غے کھلؔ گیو

تنج عشق غی کا نگ جھلی ، رسا بٹیا ریت غا
اِس چلو ہنگے پیار غے سنگی سہا گو کہل گیو

مُنصفاں نے سب دلائل داخلِ دفتر کیا
دعوۂ دعوے دار غو وی کاغذاں ماہنہ رَلؔ گیو

دوستاں نے وَس کیا پر لاج رکھ لے پھِر خدا
آتو جاتو چھولو چھکھڑ، سر میرے توں ٹل گیو

چڑھتا دینہہ نا سارا پوجیں ہے حقیقت یاہ قمرؔ
رات کالی دیکھتاں ہی چھانپھلو وی ٹہلؔ گیو

غزل

زندگی غی بھیڑ ڈھونڈھے ، آخری غا پھر نا
کِس گُناہ نے گھیر لیئو ، آ غے میرا شہر نا

مال چوکھر جانور وی ، سوچتا وہیں غا ضرور
کے ہوئیو ، کے ہوگیو ، آدمی بے مہر نا

اِک دوجا نا کھانؔ دوڑے ، آدمی نا آدمی
جان لگے جا شکنجے ، دیکھتاں اِس قہر نا

ہوں دے اُس نا کہہ نہیں سکتو ، گُڑیا شکر کہہ ضمیر
میری نظراں نے سودائیا ، دیکھیو جس زہر نا

پاچھی ہوگئی لیر کہیئے ، اج محبت غی قمرؔ
میری چھولی سٹ غے جایئے ، اُلفتاں غی خیر نا

غزل

میری دُنیا مناں چھونٔے چُپ چپتو رہنٔ نہیں دیتی
تیری دُنیا مندو جانٔے سچ کدے یا ہ کہنٔ نہیں دیتی

میرے اُپر چار چوفیری غم غا بدّھلٔ پھرتا رہیں
چڑک ، ہَناس نا عظمت تیری، میرا سِر ورٹھنٔ نہیں دیتی

اُچی دیکھ غے گردن میری تیر تُفنگ چلانویں لوک
پک یقین تے رحمت تیری، مناں مندرو پینٔ نہیں دیتی

دو لفظاں غا پیار نے مناں کیوں اتنو مجبور کیو
سُکھ غو ساہ یہ لینٔ نہیں دیتی ، عین نہیں دیتی ، غین نہیں دیتی

دیکھ شریفؔ طبیعت روگی ، جوگ طبیب احوال یُو دَہسے
یارغی جبنٔ جڑی ہے تِتّاں ، غیر غے پہانڈے پینٔ نہیں دیتی

غزل

یاد تیری کولۡ میرے رہتاں رہتاں رِہ گئی
باجھ تیرے جینۡ غی اَٹکلۡ پیتاں پیتاں پے گئی

خواہشاں غا تاج نانۡے محل کوٹھی سب میری
بے مروّتی نالۡ تیرے ٹہتاں ٹہتاں ڈہہ گئی

عشق غا بپار اندر پھٹ وی لگے لونۡ وی
کونۡ سہتو جان میری سہتاں سہتاں سہہ گئی

یار تک غے شہر تیرو چاہ ہی سارو مُک غیو
کاہنگ چھلی پیار آلی لہتاں لہتاں لہہ گئی

مال کوٹھی دوستاں غو کانہہ نا رکھے تھو غرور
موت بیلۡے روح کسے نا ، کہتاں کہتاں کہہ گئی

غزل

لمبی تاہنگ ہجر غی لا غے، پیڑو تانی تُمتو رہوں
منکا موتی تسبیح ہاروں عہد وفا نا گِنتو رہوں

بے سُوتر اُپلاتو متّھو ، پیار محبت اُلفت غو
دیکھ غے ڈِنگی ٹیڈھی اَڑیا لیک متّھا غی کھُنّتو رہوں

دُنیا طُول طوالت رکھے طعنّاں معنّاں دیتی رِہ
ہاسا بول شریکاں آلاّ ہوں بچپن تے سُنّتو رہوں

جے نہیں سدسیں جنت ماہنہ وی، تیری قسمیں نہیں آسوں
تیرا قد نا دیکھ اُچیرے اپنا آپ نا مِنّتو رہوں

یار سلامت میلی نظریں دِل نذرانوں چھَلے کد
ہوں چھلیاں نا دیکھ مخالف اُن در مُڑ مُڑ ہُمتو رہوں

پیار ، محبت ، عزت ، شفقت سب قمؔر اپلاتی گل
ہوں پھُلاّں غے پھول پُھلاوے کنڈا کیکر چنّتو رہوں

غزل

کے دھسوں جے عشق غو بازار سارو دیکھیو
اُس نگر غو لوک سارو آپ مہارو دیکھیو

چن تاراں غے نالؔ کرتا یہ کنِؔکھی دیکھیا
آپ مُہارے بیس غے کے نظارو دیکھیو

پیار دے پریت غا کُجھ بول میں ٹٹولیا
دوجہاں غا پہار کولوں پہار پہارو دیکھیو

آپ ہُدار محفلاں ماہنہ یہ سدائی دیکھیا
ہستا چہراں غا دِلاں ور ڈُنگو آرو دیکھیو

دوجہاں غی عیش نا صدقے گھماؤں ہوں قمرؔ
عِشق غا دریا ماہنہ ڈُبنو نہیں خسارو دیکھیو

غزل

دو دو اَکھاں آلا ڈِٹھا ، میں کجھ اَنا کاناّ لوک
سونا چاندی ہاروں چمکیں ، لُوہلا تے اَدماناّ لوک

دِیہہ دوپہرغی سختی تک غے ، سائیو ہوجے پیراں ہیٹھ
سُکھیا دیکھ غے مطلب ویلۓ ، دوروں لئیں کُمھاناّ لوک

چیپھ آلا غی ہے مُنہ زوری ، یاہ شرافت لِساّں غی
اپنا عیب ثواب دوجے سر، دھر غے بنٗیں سیاناّ لوک

مطلب ویلۓ نُور محمد ، بے مطلب غا نُورا
مطلب لے غے منہ نہیں دستا، اج کل خصماں کھاناّ لوک

آس مراد غا پنڈ پُجاری ، دہس قمرؔ کد گھٹیں غا
ڈِٹھا دنیا داری اندر ، ٹہتا اُٹھتا باہناّ لوک

غزل

آبیس میرے کولٚ کائے گل کراں دانہہ چھٹ گھڑی
اِک دوجا غو حال پچُھاں ، آہ بھراں دانہہ چھٹ گھڑی

رونٚ آلٚی ، چونٚ آلٚی ، اَکھاں گی برسات ماہنہ
ساڑ گے وِیہ ساڑ ساری ، غم جراں دانہہ چھٹ گھڑی

اس توں پہلاں جے نروئی ، اَکھاں گا یہ چھم کِدے
روتاں چوتاں سُک نہ جیں، دو ٹُک بھراں دانہہ چھٹ گھڑی

گنٚ لیا ہیں یار اَڑیا ، عیب سارا دیش غا
اپنٚا اپنٚا من غے اندر اوکڑاں دانہہ چھٹ گھڑی

نین تیرا ہیں نشیلا ، آ نا کر لے روبرو
دِل رُبا دِلکش سمندر ماہنہ روہڑاں دانہہ چھٹ گھڑی

دِل نا دھو غے صاف ہوگے ، کہئیے اُس نا او قمرؔ
ساری گلاں نا کِدے، گنٚ گُٹ دَھراں دانہہ چھٹ گھڑی

غزل

رِہ جیں آخر رِہتاں رِہتاں، پاجا رشتہ چانجھا لوک
کیہڑے پاسے ٹُرگیا ربا، سانجھی دھرتی سانجھا لوک

پیار ، محبت، عزت ، شفقت ،لوڑ نہ لبھے مورو بالٓ
لَپّا لارا لیک لُکائی ، رکھیں اَڑیا کانہجا لوک

اُٹھ گیا ہیں ہُنّ جنازہ ساری آپت داری غا
سَجّی ستھرا پِچھے ہو غے ، کر لیں گھر غا ہانجا لوک

پُوت آدم غا لبھتے چڑھتے ڈونڈھیں ڈُنگی ڈُنگی کھات
پیار پریم گاناں غے پِچھے بن گیا ہیر تے رانجھا لوک

عشق محبت پاک وظائف اِس غو وِرد ہے سخت شریفؔ
اگ غو دریا ترنو مشکل کانہہ نا لانویں لاہنجا لوک

غزل

کیسی ہوا چلی ہے اج کل غا دَور غی
شیراں غی بن گئی ہیں چھنگڑھی کٹھور غی

چھچھر جی ہوگئی ہے اج کل حیا غی چھپری
لُدّھیاں نے جاچ سِکھ لئی موراں غا ٹور غی

رُخصت وِیہ ہوگئی ہیں رُونق بہار غی
پھرگئی ہے چھٹّی آندھی ، ہوراں غا ہور غی

اَکھاں غے اُپر آگئی چربی صیّاد غے
نیت بگڑ گئی ہے ، دِلی لاہور غی

بھَنّ غے عناد دِل غا بندو بنّے جے اُس غو
موسیٰ غے سنگ قمر ہیں عظمت کوہِ طور غی

غزل

کِس پَہول پُہلاوے ، یار مرتاں مرگیوٗ
اِک بے وفا سنگ پیار کرتاں کرگیوٗ

ہر ظُلم ہے آخری یُوہ سوچ غے
نہیں جروں تھو یار جرتاں جرگیوٗ

دیکھ غے وُہ سادگی اتنی میری
سِر میرے سب عیب، دھرتاں دھر گیوٗ

ہائے نصیبا پَنڈ گناہ غی ، عیب غی
کیوں ہوں اتنی ، بھاری کرتاں کر گیوٗ

ہے حقیقت سامنے تیرے شریفؔ
ذَردار ذر نا جوڑ غے ، بے ذر گیوٗ

غزل

ہور کسے غا گھر نا لا غے اَڑیا ہتھ تپانویں لوک
کس را، کس را، کس را کرغے، اپنا محل بنانویں لوک

انمب ، اخوڑ ، انار ہیں چنگا اپنی اپنی حالت ماہنہ
گِدڑ اُپر شیر غی چمڑی لا غے کیوں بھبکانویں لوک

ہمدردی احساس غا قِصّہ ، افسانہ یا کہانی ہیں
اندر و اندری داہتی لا غے منہ ور کے پرچانویں لوک

جو ملیو وہ ملے فرشتو میرے شہر ہے آدم تھوڑ
ہائے افسوسا قلعی لا غے اپنو آپ بٹانویں لوک

دیر حرم غے ناںؔ وابستہ اصل خدا نا ڈُھونڈے کونؔ
نفس نفاست پِچھے ہو غے ، اصلی گل چھُپانویں لوک

اپنی جا وَر پتھر پہارا ، کہیں نا قمؔر سیاناؔ لوک
ہتھیں گٹھہؔ لوا غے پہلاں، دندیں آنؔ کھُلانویں لوک

غزل

میرا ارمان سادہ غا سادہ رہیا
اُن غارب جانٔے کے کے اِرادہ رہیا
رنجھ پکتی رہی تاہنگ پھبتی رہی
اُوکھے رُڑتا یہ قضیا تغادہ رہیا
پیار ، اُلفت ، محبت تھی رسمی یرا
تیرا لارا ، ٹپارا ، زمادہ رہیا
زندگی مُک گئی کشمکش نہ گئی
چھیڑا غم غا تے دِل غا تغادا رہیا
شائد پُچھے غو ابلیس او شیخ جی
تیرا بھار کانہہ توں زیادہ رہیا
وِیہ تے سنگی ہیں اپنا، کوئے غیر نہیں
سِر قلم ور جھڑا ، جو آمادہ رہیا
ہے حقیقت جے اُس نے دِتا اتنا ڈَم
جس غا جتنا بھروسہ زیادہ رہیا
لے لیو جوگ گوڑو ہوا پارسا
میرا جس تے قمرؔ اِستفادہ رہیا

غزل

کِدے پہینگ ہُلارا کھاتی آ
یاہ سوچ میری ہنگلاّتی آ

کسے پہول پلینجے توں چناں — اس نگری پھیرو لاتی آ
مُڑ کھیڈ نمانٗی بچپن غی — تڑفاتی آ ، تملاتی آ
کدے بینٗی بنگاں گجراں غی — اِک دوجی تیں ٹھکراتی آ
کدے خوری خیپری جے ہوتی — دند چپتاں اَکھ مِل جاتی آ
اُس چن ور بدلی مُڑ آتی — جد چھپری دندیں آتی آ
کدے نیلے نملوں مہر میری — مُڑ آس غا قطرہ راہتی آ

وے نین نشیلا ساونٗ غا
لے جان قمرؔ بدلاتی آ

غزل

یار یار ی ماہنہ کا نہہ غو نیاں پے غیوٗ
کرنو ں اکھاں توں سارو بیاں پے غیوٗ

قصو سُنتاں سُودائیا میرا پیار غو
نِگّاں مَوٹاں غو پچھے گراں پے غیوٗ

دہسوں پیار تیری ہوں کس نا دہسوں
عشق ہوتاں ہی کے طوفاں پے غیوٗ

پہامڑ بلتو رہیوٗ دِل نا تلّتو رہیوٗ
تیرو او صنم جد دھیاں پے غیوٗ

کیا سجدہ تھا جہڑا ، عفو واسطے
کِدے پُچھیں نہ کس غو دھیاں پے غیوٗ

ٹُٹ پووے یوہ شمانؔ نائے کھِسکے زمیں
اپنا عیباں ور جد جد دھیاں پے غیو

تھی یاہ حسرت جے رَلتاؔ کنارا یہ دو
بَنج سمندر مھارے درمیاں پے غیو

ناخدا ، باخدا ہوں سارا سٹّ غیوٗ
توں میرو ،ہوں تیرو ،یُوہ گماں پے غیوٗ

اِک تیرا پیار غی ہوں قمرؔ داستان
کہتاں کہتاں کیوں اتنو ویراں پے غیو

غزل

پیار ماہنہ اینویں پُچھو چھوہٹا پینگ ہُلارا ہوتا رہیں
خون غا اُتھروں رِت اینگوریں، اَکھاں توں مُڑ چوتا رہیں
تاراں ناںؔ یہ کریں کِنکھّی ، ریت غا رستا بٹتا رہیں
عاشق کھیڈیں کھیڈ نمانٔی چھچیں پانٔی ٹھوتا رہیں
اِس دُنیا ست رنگی اندر سپ ٹھواں غا ڈیرا ہیں
باہروں ہسّیں کھیڈیں سارا ، اندرو اندری غوطا رہیں
نہ کر اَڑیا میری میری صدا مقیمی ہووے کونؔ
اس دنیا ماہنہ گھاہٹا باہدھا ہویاں ہیں رے ہوتا رہیں
آتی واری باری رکھے دادا ، باپ تے پوتا غی
جاتے ویلے اُس غی مرضی ، دادا رہیں یا پوتا رہیں
ہیرا موتی لعل جواہر مِثل مِثال ہیں پتھر غی
امنب ،انگور ،انار ہوویں جت باغ اُسے ماہنہ طوطا رہیں
شاعر مست ملنگ قمرؔ ہیں ، یار غی نگری چھوڑیں کد
رت وجود غی کاہڑھ غیے پھُٹکا، دِل نامُڑ مُڑ دھوتا رہیں

غزل

ہسّے کِدے رُواوے یُوہ دِل
ڈوبے بَنّے لاوے یُوہ دِل

ہتھ ماہنہ دے غے کولہ کولی
شاہ توں پھیکھ منگاوے یُوہ دِل

دن ماہنہ دہس غے خواب پرائی
تارا رات گناوے یُوہ دِل

سُنّ غے حال حرم غو تڑفے
کفنّی گل ماہنہ پاوے یُوہ دِل

بیٹھاں سُتّاں پیار جتا غے
آخر پھر پچھتاوے یُوہ دِل

غزل

دِل کھیچل کھیچل کرتو رِہ ، جے یار بنّا تو اِس بَرہیا
ہیں نین نشیلا ساونؔ غا ، یہ نین رَلاؔ تو اِس بَرہیا

ہیں نیل کنول غا پھُل ہاروں یا دُودھ ملائی غی ڈَکری
اُن لال گلابی ہوٹھاں توں ، مے یار پلاتو اِس برہیا

دِل دریا غا جیہڑا میٹرا ، رات دھیاڑی لگا رہیں
دو پاسا عشق سمندر غا کوئے آنؔ رَلاؔتو اِس برہیا

کِدے حسرت تڑفے رِنجھاں ماں، کِدے پیارغی چُنجی اَوڑھ گئی
یوہ چھٹّی پھانڈو گوسہ ماہنہ کُجھ آنؔ سناتو اِس برہیا

اے کاش ! قمؔر یُوہ جہلم وی جے رنگ آپنّو بدلاتو آ
مُڑ اَمن اَمان زمانہ نا جے آنؔ بساتو اِس برہیا

غزل

چل سکے تاں، نالؔ میرے چل
عشق غی ٹھانڈی بالؔ بیڑے چل

ٹُٹ جیں تندُو پیار وفا غا
کاہناں مُڑ مُڑ یا ٹیرے چل

عطر گلاب غی خوشبو لوڑے
رَلؔ مِٹّی غے نالؔ نیڑے چل

پیار محبت لوڑ نہیں لبھتی
ڈونڈھ سکے ہوں نالؔ تیرے چل

تت ہجر غا چھلناں اوکھا
دوروں ہتھ کیوں یار پھیرے چل

دِل ٹُٹن غو مُل اُچیرو
اَینویں اَتھروں یار کیرے چل

سپ ٹھُواں غے نالؔ ہے سوٗنوں
نہ کر ہار سنگار ڈیرے چل

راز نیاز یہ قمؔر عشق غا
جانؔ لئیے غو یار سِرے چل

غزل

تھک غیوہاں اَک غیوہاں، زندگی تیری کتاب لِکھتاں
ہوں مہرباناں غی مہربانی، دِل لگی غو حساب لِکھتاں

اپنی اپنی بے بسی غو، بے کسی غو شمار کرتاں
زوال اپنو کمال اُس غو کمال غو وی شباب لِکھتاں

وِیہ دلاسا پیار آلا ، وِیہ مداوا غم غا سوٹھا
رنجھ اپنی خیال اُن غا ، وہم آلا ٹھباب لِکھتاں

ہے محبت یا عداوت یا خوشامد میں لوک ڈِٹھا
بیلے بیلے گول گسّی نا ، راوی کہتاں چناب لِکھتاں

آپنی آپنی ڈَگی ہوگئی ، سِر تے اُچّی بس تے پہاری
اَیرا غیرا سوال سُنتاں ، اُلٹا پُلٹا جواب لِکھتاں

دوستاں غی دوستی ماہنہ ، دشمنی غو سواد لیتاں
کنڈا چوہبا میں جھل لیا ہیں ، کیکراں نا گلاب لِکھتاں

غزل

تِلیں سُوت ٹُلاوے کیہڑو
رَت غا نیر بنہاوے کیہڑو

پیار غی صفت انوکھی غزلے
پیٹو سوت پنجاوے کیہڑو

خوشیاں ماہنہ سب یار برادر
قضیہ دیکھ غے آوے کیہڑو

منہ ور ساری چاپڑ چوپڑ!
دِل ناںؔ دِل بٹاوے کیہڑو

کچّی تند تانٔی اُلجھانویں
ڈور ساری سلجھاوے کیہڑو

اپنی اپنی ڈگی پہاری
چکے کون چکاوے کیہڑو

گل قمرؔ ہے مُکتی چُکتی
اوڑک ساتھ نبھاوے کیہڑو

غزل

پیار غی پوجا کرتاں کرتاں دِل اپنو ویران ہوؤ
لِسّو ماڑو ، ماندو کر غے کِس کِس را پرکھانؔ ہوؤ

چھانڈ گواہنڈی سارا پچُھیں اَڑیا حال بے حالی غو
کِس نا کتنا گِن گِن دسوں پیار غو کے احسان ہوؤ

ہور کِسے نا کہہ نہیں سکتو ، دوس ہے اکھاں لائیاں غو
میں اپنے سِر متھے لیٔو جس غو جو فرمان ہوؤ

ہاڑا ساڑا آس نمانٔی یار غے کوئے اَکھ ماہنہ چھُور
سچ کہہ مخلص ہیر غے مندری ہور اُچّو اَشمان ہوؤ

حرصے، تڑفے، چھڑکے کانہہ نا بس قمؔر ہُنؔ ہور نہ بول
خاک کھبّل نہیں اُس گھر رہتی جس گھر عشق مہمان ہوؤ

غزل

میں ہوراں نا گل سنانڑیں چھوڑ چھڑی
سُتاں ! اَگے خواب بخّانی چھوڑ چھڑی

رنگ برنگی کھیڈ دسی کھڈیا لاں نے
گُڈیاں غو لوں کھیڈ کرانڑیں چھوڑ چھڑی

دیکھ لیا میں سارا کرتب دُنیا غا
توبہ ! توبہ ! یار یرانی چھوڑ چھڑی

سونڑ آلاں غی ساری لبستی تک کے میں
ضِد کمانڑیں ، بنڈ بنڈھانڑیں چھوڑ چھڑی

پیار محبت دیکھ قمرؔ میں اپنا غی
ہتھ گُمھانا جان گُمھانڑیں چھوڑ چھڑی

غزل

لیکھے لیکھ لکھائی رات
''درداں ناݪ نبھائی رات''
عیش آرام ہوویں غا ہوٹھے
میرے حصّے آئی رات
کِے کے دسّوں کس را کٹّی
کالی کٹ سیاہی رات
ہجر فراق غا تھم بݨا غے
آس غی اوڈ کرائی رات
گاہنڈا چھڑی درگ منگا غے
تاہنگ غی باڑ لوائی رات
پریم پیار غی مٹی سٹ غے
غم ور دابی لائی رات
راݨی کر غے تاج محل غی
روتی یار ہسائی رات
قمرؔ عشق غی نازک نگری
کر غے پوری ٹہائی رات

نوٹ:۔طرحی مصرعہ : ''درداں ناݪ نبھائی رات''

غزل

ہوگئی وقت گزاری تیری
''دیکھ لئی دِلداری تیری''

اندرو اندری کھا گئی چتّاں
دِل نا عشق بیماری تیری

پیار غی طِبّ طبیبا منّاں
آئی راس نہ کاری تیری

کِس نا دسّوں کس را دسوں
چاقو ، چھُری ، کٹاری تیری

روتا نین قمرؔ غا دسّیں
ساری کھیڈ مداری تیری

نوٹ:۔طرحی مصرعہ : ''دیکھ لئی دِلداری تیری''

غزل

ازمانڑ ہوؤ پرکھانڑ ہوؤ
ہوں اپنڑا تے انجانڑ ہوؤ

جِت خاک میرا ارمان ہوا
اُس نگری غو مزمان ہوؤ!

واہ جنت تیری توں جانے
نج میرو آنڑ تے جانڑ ہوؤ

منّاں کر غے مندری ماڑی وہ
''کیوں ہور اُچو اشمانڑ ہوؤ''

تاں میر تقؔی سچ کہہ بیٹھو
جد اس گل تے حیران ہوؤ

''جو چاہوے سوتوں آپ کرے''
ہوں اینویں ہی بدناں ہوؤ

بس راز قمؔر گل مکّتی غو
ہوں کھیڈ کھڈال کھڈانڑ ہوؤ

☆☆

نوٹ:۔طرحی مصرعہ: ''کیوں ہوراُچو اشمان ہوؤ''

غزل

جنت غی جاگیر غو مسٔلو
دنیا غی تدبیر غو مسٔلو

خالق مالک بہتر جانے
''بنداں غی تقدیر غو مسٔلو''

پاسے حکم نزول غا کرنا
قوماں غی تقصیر غو مسٔلو

رب نا پُہل غے کرتا دِسیں
لوک یہ پیر فقیر غو مسٔلو

ہونڑ نہیں دیتی گردن مندرو
مسٔلو میرا خمیر غو مسٔلو

زہر نا شکر کہنڑ نہیں ہوتو
حائل میرا ضمیر غو مسٔلو

اَپنو کر لے میرو ہوجا
قمؔر ہے بس اخیر غو مسٔلو

نوٹ:۔طرحی مصرعہ: ''بنداں غی تقدیر غو مسٔلو''

غزل

اوکھی جو ماہنہ یار چڑے توں
''کیوں مرن غی کار کرے توں''
اگلیں پنڈ جے چکنیں اوکھی
فِر کیوں ایڈو پہار بھرے توں
موت غا ڈرتے لُکتاں چھپتاں
دہس نا کتنی وار مرے توں
اپنا عیب اصول نہیں تکلو!
دوجاں غے سِر بھار دھرے توں
پیار پریم تے عزت شفقت
لنگ گئی ٹُرگئی یار پرے توں
قمؔر جے کوڈّی نالؔ نہیں جاسیں
کانہہ نا گِنؔ گِنؔ مال دھرے توں

نوٹ:۔طرحی مصرعہ:''کیوں مرنؔ غی کار کرے توں''

غزل

بے حسی بے مُہار اَتیراں
گُل پھُل نہ گلزار اَتیراں
سُک گئی مہر وفا غی باڑی
نہ چس نہ لشکار اَتیراں
کالّ وفا غو پے غیوسارے
''رہیو نہ خُلق پیار اَتیراں''
لیک لکائی لوڑ نہ لبھے
جگ سارے سنسار اَتیراں
کھیپے ساون لے لے اُڑیا
اَتھروں نین اُدھار اَتیراں
رتی ، تولہ ، ماسہ کر غے
بیچ نہ مِصر بازار اَتیراں
سام سُکا غے قمؔر نے رکھیا
غم اپنا غمخوار اَتیراں

نوٹ:۔ طرحی مصرعہ: ''رہیو نہ خُلق پیار اَتیراں''

غزل

غم دے جا غمخواری لے جا
بس کر کھیڈ مداری لے جا
دسے کانہہ نا دینہہ چن تارا
سوچ ہیں آپ مُہاری لے جا
کہیئے موت غی باری کرغے
صدقے عشق بیماری لے جا
دے جا پیار سوغات نظر غی
اَکھ یہ پہاری پہاری لے جا
ہاڑے تو لے پیار ماہنہ کانہہ نا
ہکوں آپ اُدھاری لے جا
بے بترا نہیں اتھروں کہیے
سَو درداں غی کاری لے جا
دے جا دید وصل غے بدلے
جان قمرؔ جند ساری لے جا

نوٹ:۔ طرحی مصرعہ: ''سَو درداں غی کاری لے جا''

غزل

واعدو قول قرار پُھلاہنّوں چنگو نہیں
یار بنّا غے یار بٹانوں چنگو نہیں

محل مینارا روشن کرنا چنگا ہیں
جھُگیاں غو سنسار مٹانوں چنگو نہیں

مست اَکھاں تے شربت دھس غے دنیانا
زہر مِلا غے یار پلانوں چنگو نہیں

عشق غو جوگی روگی دِسّے ساراں نا
عین منانی بھاہ گھٹانوں چنگو نہیں

اُتھروں میرا اُتھروں بھانویں ستا ہیں
غیراں غے بشکار رواہنّوں چنگو نہیں

چاہڑو بھانویں ہستاں ہستاں سولی ور
دَب گیا نا ہور دبانوں چنگو نہیں

سنگ ، پر سنگ قمر نہیں لگتو اُلفت نا
تِلیں تِلیں سُوت تلانوں چنگو نہیں

غزل

دل ہساوے دِل رواوے بڻے خرابو اَکھاں غو
جگ سارے سنسار گھراں ماہنہ بڻے سیاپو اَکھاں غو

سنگی سجݨ اَکھ غا تارا دِل غے اَندر بسیں کیوں
آخر ٹرتے ویلّے کرجیں اَتھروں راکھو اَکھاں غو

اَکھ قاتل نے قِلعہ سرحد پلکاں بچوں پار کیا
ہیر تے راہنجو ، لیلیٰ مجنوں سب تماشو اَکھاں غو

سجے کھبّے اوہلے باندھے ، تیر اندازی اِس غی رہیں
جس تے پُچھیو وُہی سناوے چھاگو ، پہاگو اَکھاں غو

یار غی چار چوفیری ہو غے ، قمؔر سوغاتی ہوں ہوتو
منکا ، موتی ، تسبیح غو اذکار بنّاتو اکھاں غو

غزل

دہس کتنا مہمان کرے غی تیری مستی
کِس کِس نا ویران کرے غی تیری مستی

ہستاں ہستاں غم ہجر نے کھاہدو جس نا
اُس غو کے سامان کرے غی تیری مستی

دیکھ جوانی ناقص ہوجیں گھڑیاں ماہنہ
کِتناں نا قربان کرے غی تیری مستی

پھانڈو چھٹی لُٹ غیوہے بستی نا
کتنو ہور زیاں کرے غی تیری مستی

رنگ برنگی ڈالی اِت وی پھُلتی آہ
پُنچیاں غو نقصان کرے غی تیری مستی

آوے غو اِک روز قمرؔ اِقراری غو
اپنے آپ بیان کرے غی تیری مستی

غزل

دِل تے آخر دل ہے اس نے ایڈو کے قصور کیو
حُسن بے دردی ظالم جس نے دِل نا چکنا چور کیو
حُسن غی خاطر بن غے بر دو یوسف بکیو شہراں ماہنہ
رستا بستا شہر مصر ماہنہ کس نے ایڈ فتور کیو
حق غا چرچا کرتاں کرتاں سولی چڑھ منصور غیو
بے پرواہی جان غی دے غے دِل نے ہی مجبور کیو
حُسن ہمیشہ مجنوں کر غے گھر گھر منگن ٹور چھڑے
مھیس چراوے ،پہیکھ منگاوے، عشق نے جد ظہور کیو
رِہ وہ مَست اَلست ہمیشہ گھنٹی بانگ جگاوے کے
جس گھر اَللہ ھُوٗ غی پہٹھی دِل نا بال تندور کیو
دل ٹُٹا غا مُل اُچیرا دل نا توڑیں پاپی لوک
دِل ہے ایسو جس غی خاطر پتھر نا کوہِ طور کیو
مندر ، مسجد ، گرجے جا غے ہر کوئے قمر مناتو رِہ
جس غا دِل ماہنہ خوف ہے اُس غو ،رب نے وہ منظور کیو

غزل

جِت مرضی لکھوا لے چناں بیعہ ناموں اقرار
اِک گھڑی غا پیار غا بدلے، لے لے یُوہ سنسار

تیرے باجھ بہار بے گانی ہر شے اُجڑی اُجڑی
توں تسکین ہے ساوںؔ دِل غو اکھاں غو ٹھنڈیار

سارا کہیں سَدائی مناں پچُھیں حال بے حالی غو
بگڑی بگڑی صورت کا نہہ توں بدلی شکل ہُنار

نَبض دساں طبیباں کولوں نُسخہ وی ازمایاں میں
دِل پاگل من موہنا اُپر منتر پھُوک بے کار

قؔمر یاہ کھٹی سوت غی اَٹی جندڑی جان اکھاں غی لو
اِک وصل محبوب غے بدلے، بنڈ چھوڑوں سو وار

غزل

دِل غو سکون نا تۓ ، جانڑ غو قرار توں
لکھاں ہزاراں ماہنہ ہے، بس میرا یار توں

تیری اَکھ لائی غو ہے، دِل نا گمان رے
میری اِس دُنیا غو ، چَمن سنسار توں

مہندی لاؤں یار تیری ، ہجراں غا دور ماہنہ
متھّے بِندی لاؤں تیری ، ہار توں سنگار توں

پہولی کوئے دِل ایکو، جھڑو دِتو یار نا
گولی تیری ہیر شیریں ، راہنجو تے فرہاد توں

قؔمر ہوں دے یار کولے ،اَکھ بنھ کھلّی ہاں
چھُری ہتھ یار تیرے، رکھ لے یا مار توں

غزل

مُک غیو ہے پیار تے حیا مساں مساں
ہم آپ ہتھیں کر گیا صفا مساں مساں

عزت یا توقیر نالے محفلاں غی گل
ٹُر غیو ہے جور تے جفا مساں مساں

شام ، بام ، جام ، نالۓ میکدہ غی گل
بن گئی ہیں پیار غی ادا مساں مساں

لُٹ غے بستی پیار غی لالچ بسا چھوڑی
چھٹی ، پھانڈو لے غیو وفا مساں مساں

لات یا منات غا ہی رنگ بدل گیا
کر گئی تبلیغ اج روا مساں مساں

دَہس قمرؔ وہ قول ، وعدو روزِ میثاق غو
پُہل غیو ہے یُوہ بشر ، خدا مساں مساں

غزل

کونؔ سُنے غو تیری میری پتھراں غا شہر ماہنہ
کنڈا چوہبا چار چوفیری پتھراں غا شہر ماہنہ

پورب پچھّم بجّے کھبّے ،اِس زمیں توں اُس چن توڑی
بنڈ لیا ہیں ڈھاکہ ڈھیری ، پتھراں غا شہر ماہنہ

بے زبان یہ پنچھی پکھنؔوں ،دل اپنا ماہنہ کہتا ویں غا
کیوں اِنسان انسان غو بیری، پتھراں غا شہرماں

ہوں بُلبُل تھی باغ اِرم غی جِت غا چرچا خاصا ہیں
پھر کیوں رولی آنؔ خصیری پتھراں غا شہر ماہنہ

نہ نمرودی ، نہ فِرعونی ، نہ چنگیزی دور رِہ
چھپ جانؔی یہ شان اُچیری ، پتھراں غا شہر ماہنہ

اُس غی دنیا اُچی سُچّی، ہوں رتی سرسائی ماسو
باقی سارا سیر دو سیری پتھراں غا شہر ماہنہ

عشق وفا ہے، عشق خدا ہے، عشق تے حاصل کُل رضا ہے
ہیں عاشق غا سارا بیری پتھراں غا شہر ماہنہ

گل قمر یا مُکتی چُکتی ، اج شرافت ہے نیلام
باندے باچھڑ یار اندھیری پتھراں غا شہر ماہنہ

غزل

اَکھ میری ماہنہ بس گئی تصویر جابجا
موٹی ماڑی بس تیری جاگیر جابجا
پربتاں غی چوٹیاں تے کوٹراں غا چھم
سمندراں غی بن گئی زنجیر جابجا
چن تے مریخ وَر ہے آدمی غی دوڑ
بنڈ زمیں نا رَکھ غیو، لکیر جابجا!
شان عزت بدھ گئی، ہے حرمِ پاک غی
لات تے منات ہیں ، اسیر جابجا
نامکمل اَکھ میری ہے، سوچ غی بساط وی
ذات اقدس ہے تیری ، امیر جابجا
ہے وقت غا مزاج تے قمر جو بے خبر
کوستو وہ دیکھیؤ ، تقدیر جابجا

غزل

سانجھ سواد پرانٔی ساریں بلّیں بلّیں مُک گئیں
لوری قصّہ کہانٔی ساریں بلّیں بلّیں مُک گئیں
اج کل سارا ڈوبن آلاّ کشتی دندے لاوے کون؟
اڑیا گل سیانٔی ساریں بلّیں بلّیں مُک گئیں
رت برِتّو کر غے ڈہسیں دہنہہ دوپہریں دنیا نا
رات غی خواب بکھانٔی ساری بلّیں بلّیں مُک گئیں
پاء ، چھٹاکی کوئے نہیں لبھتو ، سارا سیر دو سیری ہیں
چاٹی ، دودھ ، مدھانٔی ساریں بلّیں بلّیں مک گئیں
ماں غا دودھ ناپی غے پچُھیں دہس نا میری لگے کے
پھوپھی ، دادی ، نانی ساریں بلّیں بلّیں مُک گئیں
اچکن ، تمبی ، لہنگو لوڑے سرگی چادر پھینک چھوڑی
مہیل ، کڑا ، دِیہ گانی ساریں بلّیں بلّیں مُک گئیں
تَندو تَندو قمّر ہوئیا ہیں سانجھی چادر لوئیاں غا
پٹّو ، پیٹو ، تانٔی ساریں بلّیں بلّیں مُک گئیں

غزل

ہوں سمجھوں تھو یار بیگانوں نہیں ہوسیں
تول، ترکھڑی، بھار، پیمانوں نہیں ہوسیں
تھک جائیں غا چن تارا یاد ہنہہ غی لو
ہمدردی اِحساس پرانوں نہیں ہوسیں
دل جس غے جَد پیار غو بتّر پے جے غو
دَند رَڑ کے غو آپ دیہانوں نہیں ہوسیں
عشق ہوؤ منصوری سولی چڑھ جے غو
لیلےٰ مجنوں غو افسانوں نہیں ہوسیں
پیار غے بدلے پیار غا بوہا کُھلّیں غا
سچ ہوجے غو یار ترانوں نہیں ہوسیں
پیار غی گل جس غو رٹ کچہری لگے غی
جُرمانوں یا کوئے ہرجانوں نہیں ہوسیں
پچُھ قمرؔ کیوں چن جی ہویو اُچاں نالؔ
مِل جے غو سب پیار خزانوں نہیں ہوسیں

غزل

چھٹ گھڑی یہ نیس اُدھاری کل جُدا ہوجانوں ہے
اپنے ہتھیں گھڑیا پتھرا گل خُدا ہوجانوں ہے

وصلاں غی اِک رات اُدھاری ،سدا سوہاگن رہنو نہیں
بنڈ جا یار حُسن نا ہتھیں کل گدا ہوجانوں ہے

وقت نے باغیں چونجیں لائی نہیں کویلے پھُلتا پھُل
چھوڑ غے سارا میلا ریلا ، الوداع ہوجانوں ہے

منصب دیکھ دلیل مِثل غی قلم غی چونجی توڑ غیو
شائد اگلو پچھلو گھاٹو کل ادا ہوجانوں ہے

جیتا جی غی ساری خوبی دھس نا کِس نا آویں ہتھ
مرتے ویلے یار قمر نے صاف صفا ہوجانوں ہے

غزل

پیار رغے بدلے پیار بنّے غو کیہڑے دن
اوہ بے دردا یار بنّے غو کیہڑے دن
گھُمن گھیری رات اندھیری چن غی لوڑ
عید ، ہولی تہوار بنّے غو کیہڑے دن
پیار، محبت، عزت، شفقت سارا رنگ
مُڑ ایسو سنسار بنّے غو کیہڑے دن
عادت ہوگئی چوگ چُگنّ غی بچاں نا
اُڑتا باز غی نہار بنّے غو کیہڑے دن
مَتھّا غی تقدیر نا ہوں بدلاتو آ
شب برات غو بار بنّے غو کیہڑے دن
گھڑیا ں غو مزماں قمؔر ہے دُنیا ماہنہ
دہس نا وہ غمخوار بنّے غو کیہڑے دن

غزل

آ گیوٗ بس آ گیوٗ ، محبوبِ جاں میرو صنم
کر گیوٗ ہے تاہنگ پوری ، رکھ گیوٗ میرو بھرم

ساری دُنیا سٹ غے پہو چوں، ہوں چناں تیری گلی
یار تناں یاد کرنوں ، بن گیوٗ میرو دھرم

حسن غا اس شہر ماہنہ ہی ، پیار کرنو ہے گناہ
پھانسی بیلے دس غیو قاضی کِدے میرو جُرم

آہی جاتو اُس دھیاڑے یار میرے روبرو
دیکھ غے تابوت شائد کر گیوٗ میرو شرم

آہ وزاری ہے قمؔر غی ، بس تیرا دربار ماہنہ
جنت تیری دیکھ لیتو ، جے ہووے تیرو کرم

غزل

اج کل پیر غا بھیس ماہنہ لبھّیں لُنڈ لُفنگ لُٹیرا لوک
کہیں نا قوم نا لُٹ غے کھا گیا، قوم غا بڑا بڈیر لوک

طِبّ طبیب تے حِکمت ایسی نبض شناسی رکھیں یہ
زہر ملا غے شربت بنڈیں، دیش میرے بٹ مہرا لوک

بے قدراں نے قدر کے کرنی قدر شناسی لبھّے کِت
سجی ستھر و سٹ غے پچھے ٹُر گیا بھلا بھلیرا لوک

اس زمین تے اُٹھ غے وِیہ کُجھ چِن مرنخ اُلانگ گیا
دس نا کہڑو روگ بیماری؟ جس نے کھاہدا میرا لوک

عدل غی اَکھ ور جہالت آلّی، قاضی پٹّی چاہڑھ گیا
کہیں جہاد بے واجب اج کل دسیں ایرا غیرا لوک

ہتھ لگا وَر رتھ نہ کائے قمرؔ بے چجی میری قوم
دیکھیں غا یہ دیکھیں غا، کالی رات اندھیرا لوک

غزل

میں اُت اُت بُت بنایا ہیں، جِت پیار غا وعدہ ہویا تھا
نِجھ سجدہ روز میثاقی ماہنہ تکرار غا وعدہ ہویا تھا

میں بھول بھلاوے دِل لائیو جے یار سخاوت غا پُتلا
نہیں گگن پا تالوں ڈوبنؔ آلا یار غا وعدہ ہویا تھا

باغ اِرم غا نہر نا تک غے ہائے میں حرص بنائی کیوں
کدبھُکا لُکھا خود غرضی، سنسار غا وعدہ ہویا تھا

نیل ندی یا ہند ساگر تیں اوس غا قطرہ تاں ملیا
جے اُکھ نمانی دھو دھا لے لشکار غا وعدہ ہویا تھا

میں اپنی جان کُمہاٗ چھوڑی قمرؔ اُس پیار غے صدقے
جس پیار غا بھول بھلیخا ماہنہ اِنکار غا وعدہ ہویا تھا

غزل

یاہ نظر پرائیا لوکاں غی اِس باغ نا آنڑ اُجاڑ گئی
اس پھلّتی پھلّتی باڑی نا کائے رُت منگھر غی ساڑ گئی

ات پیار محبت ریت رواجوں ڈوگی ڈُلی نسری تھیں
وِرثہ نا کھا سیمک چلی رُکھ نا جُڑوں اُکھاڑ گئی

تیلا رُوڑا چُنڑ چُنڑ غے جس گھر غی نیہہ اڑکائی تھی
حسد بجل غی چھٹّی جھُل گئی پہتّی بوہا مار گئی

حرص وفا تے عزت شفقت اِس نگری غو گہنو تھو
گکھی چکھ گئی چوگ ازل غی بازاں غی اکھ تاڑ گئی

دھرتی اُپر بازی لاگے دیکھ قمر سب ہار گیا
چن مریخ غی دوڑ بشر نا کیہڑے باڑے باڑ گئی

غزل

چن زمیں دے تاراں نا ہوں کے سمجھوں
تیرا خاص اشاراں نا ہوں کے سمجھوں

مچ ساراں نے بھیس بٹا ئیو دُنیا ماہنہ
تیرا خاص پیاراں نا ہوں کے سمجھوں

تُہپ توں بدل چھڑھ لیا نوں توں جانے
ٹھلتی رُت بہاراں نا ہوں کے سمجھوں

سونو ، چاندی ، سرتل سِکو پرکھ لیو
پینگ غا رنگ ہولاراں نا ہوں کے سمجھوں

خوہ خصلت انسان غی ماہنہ یوُہ کے لکھیو
منّاں دِیہہ بس ساراں نا ہوں کے سمجھوں

میں تے کیلشم ویلشم اَڑیا ڈھونڈھ لیا
داخ ، بٹنگ ، اناراں نا ہوں کے سمجھوں

لوڑ قمرؔ تھی ایٹم غی بس ڈھونڈ لیئ
لمّاں ہور خساراں نا ہوں کے سمجھوں

غزل

زندگی کا اِس سفر غی کے دہسوں میں کے ڈِٹھو
اے مالکا تیرا نگر غی کے دہسوں میں کے ڈِٹھّو

خون پیتا آدمی غو ، آدمی میں دیکھیا
پہکھا لُکھا اس بشر غی دہسوں میں کے ڈِٹھو

سپ ٹھُواں غا ڈَنگ آلّا ، ٹھیک ہوتا دیکھیا
آدمی غا ڈنگ اثر غی کے دہسوں میں کے ڈِٹھو

میں شکل انسان غی ماہنہ کئی جناور دیکھیا
انسانیت توں بے خبر غی کے دہسوں میں کے ڈِٹھّو

بیر بَنّاں دیکھیا میں چبھ آلّاں غے گراں
بے زباناں غا صبر غی کے دہسوں میں کے ڈِٹھّو

جے محبت ماہنہ وصل غی ہو وِی جیں ساعت نصیب
عشق غی پہلی نظر غی کے دہسوں میں کے ڈِٹھّو

پوٹیا قضیہ تسّیا ، تت ہجر کا جھل لیا
اے عاشقی تیرا حشر غی ، کے دہسوں میں کے ڈِٹھّو

بس قمر مسکین منگے تیرا گھر غی ڈاہ پناہ
تیرا در توں دربدر غی کے دہسوں میں کے ڈِٹھّو

غزل

کے کے حربا دِ ل میرو پاگل کرے
دیوانگی میری میرا تے گل کرے

غم دے قضیہ کے دھسوں سوغات ماہنہ
کِس را، کِس را، کِس را آ غے مَل کرے

غم غی برچھی دے وچھوڑو یار غو
دِل جنجھوڑے شہر نا تھر تھل کرے

او طبیبا دیکھ اَڑیا بانہہ میری
عشق غو ہے روگ کیہڑو بل کرے

پیار غی سودا گری ماہنہ اوہ قمرؔ
ہائے میری سرکار کے کے چھل کرے

کے کے حربا دِل میر و پاگل کرے
دیوانگی میری میرا تے گل کرے

غزل

پیار ماہنہ او دوستا ، ہوں ہاریو توں جیت جا
کر گئی ہے بے پرہتو ، تیری یاہ پرتیت جا

چھانفلو وی غیب ہوجے ، رات کالٓی دیکھتاں!
میں پَرکھتّاں ہی پرکھ لئی دِل تیرا غی نیت جا

بے موسمی یہ بوند بارش ، چڑ گئی میرو وجود
اوہ زمانہ توں وی بلّیں بلّیں ہو غے بیت جا

عشق کے ہے دہس غیو منصور کھل غے روبرو
عاشقی غا ایک اَکھاڑا ماہنہ داں میرا میت جا

دِل کِسے غو توڑنو ہے پاپ اِتنو اوہ قمؔر
دِلبرا یُوہ نہیں روا ، توں رگرجے گھر یا مسیت جا

غزل

سچائی کہن مشکل نہیں ، سچائی سہن مُشکل ہے
ضمیر اپنا ماہنہ کے دھسوں ، سلامت رہن مُشکل ہے
تجربہ توں یُوہ ثابت ہے جے ماضی نا جیہڑو پہلو
جغرافی شکل صورت ماہنہ ثابت رہن مُشکل ہے
کِسے وی چیز نے اندر کیمیائی نُقص جے رِہ
باندھے غی فزیکس وَر یرا کُجھ کہن مُشکل ہے
میں دے گِن لیا اس طرح ہیں اپنا وی پرایا وی
متاں اپناں ماں اپناں غو اندازو لین مُشکل ہے
عشق ماہنہ سارا چیلا ہیں کِدے مجنوں کِدے فرہاد
عشق جیہڑو حقیقی ہے ، عشق وہ عین مشکل ہے
یاہ دُنیا ست مُونہی سوہری ، یا مِٹّھی اتنی مِٹّھی ہے
یاہ دُنیا لے دے لیں سارا ، یاہ دُنیا دین مُشکل ہے
عشق اپنا مُریداں نا ، قمر لِکّھی جے نہ لاوے
بلّتی اَگ غا دریا ماہنہ قدم پھر پَین مُشکل ہے

غزل

اکھ اپنی ہیں خواب پرائیا سُرموں سِکّو لائیانہ کر
کونڑ بٹاوے ، دِل نا چھلیا اینویں دِل تملائیانہ کر

عشق آلاں غی نگری کھٹنی یار سوکھلّی نہیں ہوتی
شیش محل غو باسی ہوغے ہتھ ماہنہ بٹّا چائیا نہ کر

سچ ضمیر خمیر غی دنیا پھلّ اَپھلّ غی اپنی لوڑ
ناکھ ، اَکھوڑ غی پیوند اڑیا کیکر اُپر لائیا نہ کر

تیری دُنیا اُچی سُچّی ، میری دنیا میری بس
بے دوساں غی بستی اندر اینویں آیا جائیا نہ کر

قمؔر پریم غا روگی اُپرکرے تعویذ نہ دھاگو کجھ
دیکھ لیا وا نُسخہ ٹوٹا مُڑ مُڑ غے ازمایا نہ کر

غزل

او نصیبا بچھنی غا ، پیار میرا کٹ گیا
کھیڈواں غی کھیڈ میری ، یار میرا کٹ گیا

اُڈتی پھرتی تتلیاں غے نالؔ ہو غے دوڑنوں
ٹُٹ گئی کشتی میری ، پتوار میرا کٹ گیا

نہ ہووے تھو بیر بنّوں نہ ہووے تھی دُشمنیؔ
ہولاؔ نیواں ہونؔ غا سنسار میرا کٹ گیا

چھاں غی چھتڑی کٹ گئی سِر غو سائیو کٹ گیوٗ
کونج پچُھے پنچھیاں تے ڈار میرا کٹ گیا

کوڈیاں غے نالؔ میرا دِل نا ٹھگنؔ آلیا
قول وعدہ کٹ گیا ، اقرار میرا کٹ گیا

کر گئی مدہوش منّاں ایک چوانتھی جی نظر
دِل بلاوے دِلبرا دلدار میرا کٹ گیا

نظم

اَتھروں

ہے اکھاں غی سیجلّ کلیجہ غو پانٔی
بسیں دِل غی گُٹھّاں ، کناراں ماہنہ بسیں

ہیں نازک یہ اتنا جے مخمل نا لوڑیں
خیالی خواباںٔ ہُلاراں ماہنہ بسیں

خوشی ماہنہ وی چھلکیں ، ہیں غم غا پیہالی
خدا جانے کِس غا اشاراں ماہنہ بسیں

ہیں خوشبو غا بھُکھا پھُلاں غا پُجاری
خوشی غا ہیں بیری خساراں ماہنہ بسیں

کدے لوڑیں یوسف کدے یہ مصر نا
ستم گر ستم غا بزاراں ماہنہ بسیں

قمؔر کیہڑو رِشتو ہے ان غو تے میرو
اَتھروں ہیں اَتھروں تے ساراں ماہنہ بسیں

پھُلاںّ غا سہج

مرگاں تے ماہلیاں غا ، رنگ روپ ہیں کنوارا
مندر تے مسجداں غا کے خوب ہیں نظارا
جنت غا باغ ہاروں دِلکش چمن ہے مھارو
پھُلاں غا سہج تے وی سوہنٛو وطن ہے مھارو

ہم نا ہے مانٛ اس غو ، جنت غی یاہ نشانٛی
چھمراں غی چوٹیاں توں بگتا یہ ٹھنڈا پانٛی
ساوی زمین نائے ، نیلو گگن ہے مھارو
پھُلاں غا سہج تے وی سوہنٛو وطن ہے مھارو

بکھ بکھ ہیں بولی پہانویں تکیہ کلام اِک ہے
ہندو یا مسلمان سب غو پیغام اِک ہے

ہندی ہاں ہم وطن ہاں نعرو امن ہے مھارو
پھلاں غا سہج تے وی سوہنو وطن ہے مھارو

عزت ناموس اپنی ، ہے جان تو پیاری
ساہنجو ہے باغ مھارو ، بکھ بکھ ہاں ہم کیاری
ہمت ہے حوصلو ہے کوہ و دمن توں پہارو
پھلاں غا سہج تے وی ، سوہنو وطن ہے مھارو

جہلم ، چناب ، راوی ، ستلج اوہ گنگا جمنا
خوشیاں نا رہیو سگتی ، روہڑو بگاؤ غم نا
جُگ جُگ رِہ ہستو بستو روح تے بدن یو مھارو
پھلاں غا سہج توں وی سوہنو وطن ہے مھارو

نوٹ:......طرحی مصرعہ بذریعہ ریڈیو کشمیر
'' پھلاں غا سہج تے وی سوہنو وطن ہے مھارو ''

مستی

میں ڈِٹھّو جے جہلم آ گیو مَستی ماہنہ
روہڑھ غیو ہے شہر ، گراں غی بستی نا
محل ، چوبارا ٹُٹّا توسیں جھگیاں نا
روتا دِسیں سارا مہنگی سستی نا
دَسیں سب نشانی پانٔی چڑھیا غی
روہڑیا کوٹھا، ڈوگی ڈُلی دھستی نا
جے رحمان قہاری جلوہٗ دَس چھوڑے
زیر کرے جھٹ نیس ماہنہ ساری ہستی نا
عزت ،عصمت پیار غی راکھی ہوتی جے
سوکنٔ سوہری دوروں دیکھ غے ہستی نہ
ہے سچ قمرؔ ہم ریت پُرانی پُہلتا نہ
دُنیا ساری مھارے اُپر ہستی نا

سائیو سِر تیں رہنّ دے

(والد صاحب غی بیماری)

توں صاحبِ جمال ہے توں صاحبِ جمیل ہے
سائیو میرو ، رہبر میرو بیمار ہے علیل ہے

ہوں وی رکھوں اے خدا تیرا کرم غی تاں اَڈیک
ہے بلا شک توں محافظ ، تُوں ضامنِ خلیل ہے

مالکاں غی رہبری غو سائیو سر تے رہنّ دے
بے مالکی ہر شے خدایا ، خوار ہے ذلیل ہے

دوجہاں ماہنہ او خدا خیر شر غی سب حدود
تیرا ناں تے ویں شروع تیرا ور تکمیل ہے

تاں قمراج اوکھتی ماہنہ تِتّاں مُڑ غے دیئے صدا
توں صاحبِ جلال ہے ، توں صاحبِ جلیل ہے

چُپ چُپ اَج ہیں قبلہ

(والد صاحب غی وفات)

سِر غو رفیق سائیو ، اج کُجھ خفا خفا ہے
مولیٰ غی مہر ہووے ، سائل غی یاہ دُعا ہے
رُٹھا ہیں کہڑی گل تیں ناتے ناراض دسیں
دس او قبلہ آخر ، ہوئی کہڑی خطا ہے
بٹو آ دُھوڑ مٹی ، رکھتا قدم ماہنہ جے تم
تھارا حکم غی خاطر ، مرنوں میرو روا ہے
کِس نے حوالے کرکے ، چھوڑیں غا تم چمن نا
چوہنسیں سڑیں غا پھُل ہُنڑ ، اوکھی پھری ہوا ہے
کِس نا ہوں راز دہسوں ، ہمراز نہیں نہ کوئے
چُپ چُپ اَج ہیں ، قبلہ ! راضی برضا ہے
تھا تم قمر غو دیوؤ ، اَکھاں ماہنہ لَو وی تھاری
ہے موت حق صداقت ، راکھو تھارو خدا ہے

ماں

امّاں امّاں کہتاں کہتاں ، جیبھ میری سُک جاتی آ
بچہ بچہ کہتاں کہتاں ، ماں کوئے رُک جاتی آ

رب نے اپنا رحم غی چھتڑی ، تیرا سِر وَر رکھی ماں
پیار پریت اکھٹی کر غے ، سینہ غے بچ رکھی ماں
جس غو کوئے نہیں سکو ہوتو ، توں وی اُس غی سکی ماں
توں نہ ہوتی ہوں نہ ہوتو ، کد میری بھُکھ جاتی آ

امّاں امّاں کہتاں کہتاں ، جیبھ میری سُک جاتی آ
بچہ بچہ کہتاں کہتاں ، ماہنہ کوئے رُک جاتی آ

دُکھ تکلیف غا سارا پینڈا، کس طرح کس طرح پار کرے
بچّہ چا غے چھولی اندر ، دُنیا غی سب کار کرے
سختی پہوگے قضیہ پُوٹے ، میرے بدلے مار کرے
میرا اِک اِک سُکھ غے بدلے ،توں کانہہ نا اُک جاتی آ

امّاں امّاں کہتاں کہتاں ، جیبھ میری سُک جاتی آ
بچہ بچہ کہتاں کہتاں ، ماہنہ کوئے رُک جاتی آ

رت اپنی نا کاہڑھ غے سینے ، بچاں غے منہ کھلتی رِہ
کلاّ تھتھّا دیکھ غے بچہ ، ماہنہ وی کلّی بنتی رِہ
بچو سُکھیا سُتّو رہتو ، پاسا ماہنہ بدلتی رِہ
ہر سختی ، ہر غم نا آتاں ، ماہنہ کوئے ٹُھک جاتی آ

امّاں امّاں کہتاں کہتاں ، جیبھ میری سُک جاتی آ
بچہ بچہ کہتاں کہتاں ، ماہنہ کوئے رُک جاتی آ

لالہ لوری کرتی کرتی ، رات ساری نہیں تھکتے تھی
گِلّی جاہ نا آپ قبولے ، مناّں سُکے رکھے تھی
دیکھ مزاج میرا نا نازک ، لُونڑ مِٹھو نہیں چکھے تھی
پیر میرے کیوں کنڈو چُبتاں ، اکھ تیری دُکھ جاتی آ

امّاں امّاں کہتاں کہتاں ، جیبھ میری سُک جاتی آ
بچہ بچہ کہتاں کہتاں ، ماہنہ کوئے رُک جاتی آ

باپ ہووے سر سائیوسب غے، تیری چھاں جد ہووے ماں
غم ملال نا صابن لا غے ، گھر تیں کڈّھے دھووے ماں
میرا عیب نہیں تکنڑ دیتی ، پھیڑ غے اَگے پُووے ماں
اج قمر غی سختی ساریں ، پیر تیرے مُک جاتی آ

امّاں امّاں کہتاں کہتاں جیبھ میری سُک جاتی آ
بچہ بچہ کہتاں کہتاں ، ماہنہ کولے رُک جاتی آ

حسد

ہیں سارا کم کرم اُس غا ،جس نے ہم بنایا ہاں
اِکنؔ مخلوق غا بندہ وی ، بکھ بکھ ہاں پرائیا ہاں
کِدے کالا کِدے گورا ، کِدے نیلی اَکھاں آلا
کِدے لُو ہلا وی ترجیں دے کِدے ڈُبیں پکھاں آلا
کِدے کسے غی کشتی نا ، وی چھلّیں روہڑھ نہیں سکتی
کِدے ہاتھی وی کیڑی غا کیا نا موڑ نہیں سکتی
کِدے کنڈاں غا چو با وی پھُلاں غی راکھی کرتا رہیں
کِدے راکھی غا راکھا وی قضا بے موت مرتا رہیں
کِدے شبنم غا قطرہ وی دوا داروں عطر ہاروں
کِدے ساونؔ غی رُت بخشے کدے رکھے بنجر ہاروں
کِدے پھُلاں غا ہُبکارا ، کِدے جنگل کِدے جھاڑی
ہے قدرت غو یُو ہ سب کرنوں ، کِدے موٹی کِدے ماڑی

پلّیں پتھراں غے بِچ کیڑا، کِدے سردی کِدے گرمی
حیاتی ناں ہے دُھپ چھاں غو، کِدے سختی کِدے نرمی
کِسے بوٹا غا پھلاں نا دِتا کئی رنگ دِتی خوشبو
ایک ماں باپ غا بچّاں غی بدلائی شکل تے خو
جگر نا صاف کر کے داں کِدے تھوڑو جو توں ہَس نا
یُوہ سب کجھ دیکھ غے وی دانہہ سودائیا توں مناں دَہس نا
کِسے چنگا غی چنگیائی ور، ہونو خوش ہووے ناراض
خدا غا نیک لوکا دَہس تِناں کوئے کیوں کرے ہمراز
تیری اِس سوچ پہیڑی توں کِسے نا کے فرق پُووے
تیرا تن من غی روح رونق غو بیڑو ہی غرق ہووے
تیری نس نس ماہنہ پہیڑی جی بیماری نے ہے کھُب جانوں
تِناں اے حاسدا تیرا حسد نے لے غے ڈُب جانوں
تناں اے حاسدا تیرا حسد نے لے غے ڈُب جانوں
تناں اے حاسدا تیرا حسد نے لے غے ڈُب جانوں

جموں و کشمیر

او جموں و کشمیر ے تیرا شوکت شان پیارا
تاج محل تو گھٹ نہیں لگتا، دیش میرا غاٹھارا
میری دھرتی رنگ رنگیلی ہے یا سُچی ہے برفیلی ہے
نت مستی چھیل چھبیلی ہے اِت مرگاں ماہنہ پھُل کھیلی ہے
منکا، موتی نیلم ہاروں گڈیاں غا چمکارا
تاج محل توں گھٹ نہیں لگتا دیش میرا غاٹھارا
کوثر ناگ سراں غی دھرتی نوری چھم نوراں غی دھرتی
ہے گلمرگ پھُلاں غی دھرتی سونہ مرگ سونا غی دھرتی
یاہ خواجہ مخدوم غی دھرتی حضرت بل مینارا
تاج محل توں گھٹ نہیں لگتا دیش میرا گاٹھارا
راکھی اُچا پربت اس غی پیر پنجال ہیں عظمت اس غی
شالیمار ہے زینت اس غی پیاری پیاری صُورت اس غی

چار چناری جھیل وُلر غا کنڈا اُون کنارا
تاج محل توں گھٹ نہیں لگتا، دیش میرا غا ٹھارا
او جموں کشمیر غی دھرتی   جنت بے نظیر غی دھرتی
خواباں غی تعبیر غی دھرتی   قمؔر شریف فقیر غی دھرتی
ہستا ، بستا ،رستا رکھے تیرا رب نظارا
تاج محل توں گھٹ نہیں لگتا، دیش میرا غا ٹھارا

اے میری اُردو زباں

ہوغیو ہے تیرے پچھے ، کیوں یُو ہ سارو ہندوستان؟
اے میری اُردو زبان، اے میری اُردو زبان!
جِت ہم سارا رَل غے بیٹھا واہ زمیں تے تیری تھی
کنّیا تے کاغان توڑی تیری رَگ لمیری تھی
عام فہم آسان جو لہجو تِتاں خو خصیری تھی
رَلی ملی تہذیب غی توں توں نمونوں پچھانؔ
اے میری اردو زبان ، اے میری اردو زبان
غالبؔ تے اِقبالؔ غی ، عرق بنی یاد ہے
مِٹھا مِٹھا شعراں غی ، واہ شیرینی یاد ہے
گنجِ شکر ، امیر خسروؔ کا درس دینی یاد ہے
تیں ہی دِتی سانجھ ہم نا ، تیرو ہم نا ہے گمان
اے میری اردو زبان ، اے میری اردو زبان

تیری چھاں نا چھوڑ نے ، کوسنگیاں غو سنگ لیو
سوچ نے اردو زبان ماں، دوجیاں ماں کھنگ لیو
اِک نسل غو داغ لاکے، بیریاں نے ڈنگ لیو
ہے قمرؔ زبان سانجھی، ہے نہ ہندو نہ مسلمان
اے میری اردو زبان ، اے میری اردو زبان

ہم اُس دیش غا وارث ہاں

ہولی ، عید ، دیوالی سانجھی سانجھا ہیس رہیں لوک
ہم اُس دیش غا وارث ہاں جس دیش ماہنہ رَل مل بسیں لوک

جس دیش ماہنہ گنگا جمنا ہے جس دیش ماہنہ جہلم ،راوی ہے
جِت بہار غو کُکّو قاصد ہے جِت برھیا نیلی ساوی ہے
جِت کہولݨ گھُمنڈ نا سور دِسے جِت پیار پریت ہی حاوی ہے
جِت دیور جیٹھ ہیں بھائی برابر جت ماں غے رُتبے بھابھی ہے

اُس دیش غی کے تعریف کروں جِت غم نا بنڈیں کھسّیں لوک
ہم اُس دیش غا وارث ہاں جس دیش ماہنہ رَل مِلݨ بسیں لوک

جِس دیش غے پہرے ہندساگر جس دیش غی راکھی پربت ہیں
جِت ہر جا میلا لگتا رہیں جِت دُودھ، لسّی غا شربت ہیں
ایثار محبت غا پُتلا جِت پیار غی دیوی مُورت ہیں
جِت ولیاں، غوثاں غے صدقے اسلام غی حرکت برکت ہیں

اُس مِٹّی غو کے کہنو ہے جِت ہرفن ہررنگ دسیں لوک
ہم اُس دیش غا وارث ہاں جس دیش ماہنہ رَل مِل بسیں لوک

جِت مان مہان بڈیراں نا ساری دُنیا غو بڈیار مِلے
جِت بُڈّھا عمر رسیداں نا سارا جگ تو بَدھ پیار مِلے
جِت قوم غا نِکّاں بچاں نا بس اُلفت غو سنسار مِلے
اُس پیار پریم غی نگری ماہنہ گُل، گُلشن، گُلزار ملے

قمرؔ یاہ دھرتی اُچی سُچّی تاں یہ چھڑکیں ترسیں لوک
ہم اُس دیس غا وارث ہاں جس دیش ماہنہ رَل مِل بسیں لوک

میرو ہندوستان

موری تے بُلبُل، طوطا، مینا نچیں اِس گمان ماہنہ
سب تے پہلا بستی بسی میرا ہندوستان ماہنہ
یاہ تہذیب ہے گنگا جمنی، جہلم ناتے چناب غی
پیر پنجال غی اُچّی چوٹی سِنگ لانویں اَسمان نا
سب تو پہلاں بستی بسی میرا ہندوستان ماہنہ
دلی دِل، پنجاب تے یوپی، جموں ناتے لداخ وی
تاج بنی کشمیر غی دھرتی، حُسناں غا سلطان نا
سب تو پہلاں بستی بسی میرا ہندوستان ماہنہ
اِت خواجہ اجمیری بسیں یاہ دھرتی اقبال غی
شاہ ولی اللہ غا چرچا ہونویں سب جہان ماہنہ
سب تو پہلاں بستی بسی میرا ہندوستان ماہنہ
اتے مندر، مسجد، گمپا اِتے سِکھ، عیسائی
اِتے دین دھرم غا چرچا گیتا، وید، قرآن ماہنہ
سب تو پہلاں بستی بسی میرا ہندوستان ماہنہ

اِتے عید، دیوالی، راکھی اِتے ہے نوروز وی
اِتے بنی بتنکر اجاں الڑ مست جوان ماہنہ
سب تو پہلاں بستی بسی میرا ہندوستان ماہنہ
ات جوآئیوااماں جائیو صادق قول نبھانواں ہم
روتی اکھیں ودعیا کرتا دسیں اِت مہمان نا
سب تو پہلاں بستی بسی میرا ہندوستان ماہنہ
ات ہُن قمرآزادی ہم نا، ظالم مُڑ نغے آوے کد
پیراں ہیٹھ مروڑاں اُس نا یورپ، انگلستان نا
سب تو پہلاں بستی بسی میرا ہندوستان ماہنہ
مور تے بُلبُل، طوطا، مینا نچیں اِس گمان ماہنہ
سب تے پہلا بستی بسی میرا ہندوستان ماہنہ
سب تو پہلاں بستی بسی میرا ہندوستان ماہنہ

گوجری ترانو

مھاری مِٹھی گل زبان اَڑیا
ہاں گُجر ، گُجری ماں اَڑیا
گل سیدھی سادھی راہاں کہتا   دُکھ غم ہوراں غا راہاں سہتا
ہم پُٹھّ سپُٹھّا نہیں پیتا   کسے اِک جگہ ہم نہیں رہتا
مھارا سارا شہراں گراں اَڑیا
ہاں گُجر گُجری ماں اَڑیا
ہم دُدھ مکھنؔ غو شوق رکھاں   تاں ملؔ پالاں تے ڈھوک رکھاں
جِت کھڑلی کِلّا ٹھوک رکھاں   اُت شیر غا پنجا روک رکھاں
نہیں ہونؔ دیتا نقصان اَڑیا
ہاں گُجر گُجری ماں اَڑیا
مھارے محول مخول بیاہ شادی   پڑھ کلمو کرتا رانہہ لادی
ہاں دُودھ ملائی غا عادی   کھاں گھر غی غیر غی نہیں کھادی
دِل غیرت غو درباں اَڑیا
ہاں گُجر گُجری ماں اَڑیا

ہے دِلی راجستھان مھاری ‏ ‏ ‏ ‏ ‏ ‏ گُجرات ماہنہ ہے تھاں تھاں مھاری
ہے پاک مھار وافغان مھاری ‏ ‏ ‏ ‏ ‏ ‏ کشمیر تے ہے رگ جان مھاری
ہے جموں شان گمان اَڑیا
ہاں گُجر گُجری ماں اَڑیا
گُجھ موٹا تھا ، گُجھ پاجا تھا ‏ ‏ ‏ ‏ ‏ ‏ مھارا آپنا گاجا باجا تھا
مھارا بڑا بڈیرا راجا تھا ‏ ‏ ‏ ‏ ‏ ‏ گُجھ راجاں ور مہاراجہ تھا
مھاری بینٔی ، بتکر ، بانہہ اَڑیا
ہاں گُجر ، گُجری ماں اَڑیا
اس قوم ماہنہ سپہ سالاری تھی ‏ ‏ ‏ ‏ ‏ ‏ ہر دیش نغے سنگ غم خواری تھی
کہیں دیس ماہنہ جو سرداری تھی ‏ ‏ ‏ ‏ ‏ ‏ وِیہ لگ بھگ ساری مھاری تھی
ہے صدق صفا ایماں اڑیا
ہاں گُجر ، گُجری ماں اڑیا

ماں بولی

میری جِند بولیئے، میری جان بولیئے تیرے سنگ میری آن بان بولیئے
رب رکھے تیرو، اُچو شان بولیئے پھلے پھُلے گوجری زبان بولیئے
متاں تیرو مان ہے مہان بولیئے
پھلے پھُلے گوجری زبان بولیئے

بلاشک سوہنی ہے، زبان عربی نازل ہوؤ اِس ماہنہ، قُرآن عربی
رب تیں وی آیا، فرمان عربی نور نوری نالے، عرفان عربی
پہلاں تیری ہوئی ہے سیان بولیئے
پھلے پھُلے گوجری زبان بولیئے

حبیب تے طبیب تے ہے، تِتاں سکھیو ماں آلی جیبھ تے ہے، تِتاں سکھیو
بڑا ہی قریب توں ہے، تِتاں سکھیو اپنا نصیب توں ہے، تِتاں سکھیو
رہی میرے نالؔ پاسبان بولیئے
پھلے پھُلے گوجری زبان بولیئے

تیلگو، مراٹھی، ملیالم، پارسی اردو، پنجابی نالے بولی فارسی
ہندی چینی ہووے یا لاطینی سارسی تیرے باجھ ہووے میری کد ثالثی
سنگیئے سہلیئے دے ہانؔ بولیئے
پھلے پھُلے گوجری زبان بولیئے

بیاہ بچہ غو

(مزاحیہ)

اَڑیا آوے یُوہ خیال ہوگیا تھوڑا چِٹّا بال
کے پتو جے ہوں مرجاؤں بچہ تیرو بیاہ کراؤں
مرن تو پہلاں تِنّاں بیاؤں
بچہ رکھ کتاب سنبھالؔ چھوڑ پڑھنؔ دال تے ذال
تِنّاں پوری گل سمجھاؤں بچہ تیرو بیاہ کراؤں
مرن توں پہلاں تِنّاں بیاؤں
بچہ جان اسکول نا چھوڑ وقت ٹُٹ غیوہور نہ توڑ
بڑاں بڈیراں غے گھر لاؤں بچہ تیرو بیاہ کراؤں
مرن توں پہلاں تنّاں بیاؤں
بچہ تھوڑو ہوش سنبھالؔ جانوں کھوجا کھتری نالؔ
سودو تیرو تاں لیاؤں بچہ تیرو بیاہ کراؤں
مرن توں پہلاں تنّاں بیاؤں

ہٹی اُپر کھُل غیو کھاتو گھی ، مکھن ہے آتو جاتو
کگڑ، موٹھی، دال لے جاؤں بچہ تیرو بیاہ کراؤں
مرن توں پہلاں تناں بیاؤں
شاہ جی تھوڑو کرو اُدھار بیاہ نا رِہ گیا ہیں دن چار
ڈولی ، سہرو ، جنج چڑھاؤں بچہ تیرو بیاہ کراؤں
مرن توں پہلاں تناں بیاؤں
بار ، اتار ، یا سمار سادو مہندی ناں برات
ایرا غیرا سب بلاؤں بچہ تیرو بیاہ کراؤں
مرن توں پہلاں تناں بیاؤں
پورو ہوتاں ہی بھویرو پُوت تے بہو نے بدلیو چہرو
بچو کہہ جے بکھ ہو جاؤں باپ کہہ تیرے مرنے کے لاؤں
بچہ تنجھ پُوہ بیاہ کراؤں
بچہ تنجھ پُوہ بیاہ کراؤں

نموں جھانوں

دِسے ہر کوئے نموں جھانوں ہر کوئے ات بے آس ہے مولیٰ
اکھاں اندر خون غی ہولی ہر کوئے اج اُداس ہے مولیٰ

ولیاں، مُنیاں غی یاہ دھرتی اِت کیوں مارو ماری ہے
لاش اپنی نا موہنڈا دیتی دِسے خلقت ساری ہے

اِت کدے سینہہ بکری نے وی رَل غے پانی پیئو تھو
دُس دیوار مذہب غی نہیں تھی ، پیار غو درس وی لیئو تھو

فارس ، پیرس ، چین تے لندن ترسیں تھا اِس دھرتی نا
پیار وفا غی دُھپڑی نا ایثار غی بدلی برتی نا

کیوں بنّیا اِک دوجا غا قاتل بُڈّھا کھریں جواناں نا
ساڑ دِتو سرمائیو آپے انسان کھریں حیواناں نا

اِت قمر کد کنڈا دھریا اُت غا رستہ ڈکیں کیوں
جیبھاں اُپر تالا چڑھیا ، سچّی کہتاں چھکیں کیوں

کیکر گُلاب نہیں لگتا

اس دُنیا غی کھیڈ عجائب ، عجب تماشا ہو ویں اِت
دولت غی ہے جی حضوری ، غربت غا ہیں ہاسا اِت

جس غی سوہٹی اُس غی روٹی ، اج اصول بنائیو ہے
لِسا ، ماڑا ، مڑکا ، ماندا ڈولیں پھریں بے آسا اِت

اِس نا اُس نا گھولٚ گُھلا غے آپنٚی روٹی سیک چھڑیں
عرضی کونٚ غریب غی منّے خوف نہ رَتی ماسا اِت

کئی بہانہ جھوٹھا کر غے لُٹّیں سادا لوکاں نا
کرلیں راون لنکا پوری رام نہ کر بنٚ باسا اِت

پُن ثواب غی لوڑ ہے کِس نا ، پاپ گناہ توں ڈرتا نہیں
آپو اپنٚی کرتا دسیں بے راسا بے راسا اِت

سچی گل قمرؔ ہے کوڑی ، ''کیکر گُلاب نہیں لگتا''
سچی گل کسے غی سُن غے دُشمن بن جیں خاصا اِت

غفلت

دِل قوم قبیلہ غو ، بے موت مرے کانہہ نا
سووے آپے غفلت ماہنہ ، اِلزام دھرے کانہہ نا

نہ دُنیا غو غم اس نا ، نہ عُقبیٰ غو ڈر مولیٰ
جدلینؔ غو ڈھنگ کوئے نہ ، پھر ہاڑا کرے کانہہ نا

اس رَگّرڑ ڈوگی ماہنہ کد پھُلاں نے کھِلنو ہے
پھلؔ ، بوٹا جے سُک جیں پھر پانٔی بھرے کانہہ نا

دوجاں غی تِس بُجتی لہو خُون نچوڑے یوہ
حق ڈُبتا اپنا نا ، جے دیکھے جَرے کانہہ نا؟

دِل ہے تے حرارت نہیں بے جان جو ڈُکرو ہے
ہیں لوک قمرؔ چن وَر یوُہ ڈھوک چَرے کانہہ نا

بے کاری

دَہس کے تِناں روگ بیماری
کیہڑی گل تے ہمت ہاری
بے کرتوتا ہمت کر ہاں
بے کاری نے ہے مت ماری
تیرا کونوں لے غے ہر شے
تناں موڑ غے دئیں اُدھاری
رنگ وی پیلو اَکھ ماہنہ لالی
میلی چادر ، میلی تہاری
ہورتے چن ،مریخ نا تجّیں
تیرا اجاں ڈھارا ڈھاری
انجن ، ایٹم ، دَور مشینی
تیرے موہنڈے اج وی کھاری
نواں زمانہ نواں مزاج
قوم میری کیوں تھکی ہاری
بس قمرؔ ہونڑ ہور نہ جھونڑ
سمجھیں سمجھنڑ آلا ساری

گُفتی گُفتی

کوئے گُفتی گُفتی جھونݨ غیو
میری خواب ٹُٹّی میروسونݨ غیو
میں پیارغی بھُل نے چاہ کی تھی
میں حدوں ودھ وفا کی تھی
میں ایڈی کہڑی خطا کی تھی
جے یار زخم دھر لونݨ غیو
کوئے گُفتی گُفتی جھونݨ غیو
نہیں پہلاں یاری لانی تھی
نہیں چھپ چھپ اَکھ ملانی تھی
جے لائی توڑ نبھانی تھی
بھُل اَپݨو وعدو کونݨ غیو
کوئے گُفتی گُفتی جھونݨ غیو

ہوں اتنی یار روائی کیوں؟
میری اتنی جگ ہسائی کیوں؟
سب پُچھیں حال سودائی کیوں؟
ہے رنگ پیلو سُک خون غیو
کوئے گُفتی گُفتی جھون غیو

کہیں عشق مناں یہ لوک دسّیں
مناں اُلٹو پُلٹو سوگ دسیں
بس وہم کسے غو روگ دسیں
ہوئی سُدھ بُدھ ہسن رون غیو
کوئے گُفتی گُفتی جھون غیو

نہیں رات ماہنہ بھُلتی چاہ تیرو
لَو کھُلتاں دیکھوں راہ تیرو
ہے جان میری پر ساہ تیرو
بھُل قمر وِیہ چِٹھی فون غیو
کوئے گُفتی گُفتی جھون غیو

متّھے

جنت تیری دوزخ تیری مِنّاں ہکھی لاوے کیوں
جو چاہوے سو آپ کرے تاں منّاں کھیڈ کھڈاوے کیوں
جنت وی مشروط بنائی ، دُنیا غا دستور وی دِتا
بے کس ایک کمزور نا مولیٰ ، ایڈو پہار چکاوے کیوں
رزق موت مقدر سب غو ، تیرے کولے توں ہی جانے
ایک دوجا غے پچھے لا غے ، اتنی دُھم دُھماوے کیوں
عزت ذلت تیرے کولے کس توں کھسے کس نا بنڈے
پھر بدنامی آلی پرچی میرے متّھے لاوے کیوں
میری خاطر اُس نا کڈھیو ، غیرت کرتو یا وہ ڈُبیو
میرو دشمن منڈھ قدیموں اُس غے نالؔ رلاوے کیوں
خاک توں خاکی پیدا کر غے مِٹّی نا اشراف کیو
اُچے لے غے نیچ نہ کریئے ، سارے جگ ہساوے کیوں
جے کر پُشتِ پناہی رکھے یا توں ڈاہی ہوجے
غیر محفوظ شریف نہ رہتو ، غیر نا پچھے لاوے کیوں

نفسو نفسی

ہر پاسے اِت نفسو نفسی   شہر نا خوش غمگین ہیں بستی
آپڻو سَر تل سِکّو مہنگو   دوجا غی ہے نیلم سستی
ہر پاسے اِت نفسو نفسی
شہر نا خوش غمگین ہے بستی
مطلب کل پیارو وُہ تھو   دِل دے اکھ غوتا روؤ ہ تھو
غرض ویلٖے ہر سہارو وُہ تھو   غرض پوری بے چارو وہ تھو
پوری ہوگئی موج تے مستی
شہر نا خوش غمگین ہے بستی
اس بستی غی ریت نرالی   باغ نا لُٹّیں بن غے مالی
ڈاکو چور غی کے رکھوالی   دِل غی ہوس ایمانوں خالی
گھٹیا سوچ وچار غی ہستی
شہر نا خوش غمگین ہے بستی

مسلک بازی فرقہ بندی حنفی، شافعی تے دیوبندی
ذہن فتوری مسجد بنڈی کِس غی مولیٰ کروں پابندی
بکھری اُمت تاں،ہن پستی
شہر نا خوش غمگین ہے بستی

قمؔر کرے دُعاء اج مولیٰ مھاری بخش خطا اج مولیٰ
ہُنڑ نہ دے سزا اج مولیٰ مِلت اِک بنا اج مولیٰ
چنگی گل نہیں اج کل رستی
شہر نا خوش غمگین ہے بستی

چُھونٛ

ہائے میری اِس قوم غو جوان کیوں بے حال ہے
نہیں کِسے غے نالٛ رَلتو حال توں بے حال ہے

باقی آلاٛ پوچھیا ہیں چن تے مریخ ور
جہن آلی لَے نہیں اس غی بے سرو بے تال ہے

ہے نکارو یُوہ نکموں اس زمیں ور پہار کیوں؟
بے غیرتی غا لُونٛ ماہنہ اُبال نہیں زوال ہے

رت غو توپو توپو لے غے فن غو بوٹو رِہ جوان
بے جستجو غے واسطے ملال ہی ملال ہے

اُٹھ غے ٹھنوں ٹہہ غے اُٹھنوں شاہسواراں غی ہے خو
بے ہمت لے ٹیک جٹوں ، بے غیرتو کنگالٛ ہے

خود خدا وی راز پُچھے بول تیری کے رضا
ہائے نصیبا سوگیاں گو محال ہی محال ہے

ہتھ لیا ور رَتھ نہیں لیا کئی صدی لنگھا چھڑی
غیرتاں غی اِک گھڑی بے غیرتی غی سال ہے

مُڑ کِدے اقبالؒ میرا گجراں نا جھونؔ جا
جاگ جیں شریفؔ تاں کمال ہی کمال ہے

کرونا

نبیاں ، رسولاں ، اماماں نے صدقے
دعاواں ، دروداں ، سلاماں نے صدقے
خدایا ہٹا لے یہ سختی مصیبت
توں اپنا پیاراں تماماں نے صدقے

تیرا جو پیارا فرشتہ ، ملائک
جیا جون ماہنہ جو وی خلائق
صحیفاں ، کتاباں ، کلاماں نے صدقے
خدایا ہٹا لے یہ سختی مصیبت
توں اپنا پیاراں تماماں نے صدقے

تیرا پاک حرفاں ماہنہ جو ہے کرامت
تیرا عدل وانصاف غی جو نظامت
الفاں تے میماں اوہ لاماں غے صدقے
خدایا ہٹا لے یہ سختی مصیبت
توں اپنا پیاراں تماماں غے صدقے

اگر یاہ سزا ہے سزا توں بچا لے
کرونا وبا ہے بچالے ، ہٹا لے
اوصِفتاں غا وارث انعاماں غے صدقے
خدایا ہٹا لے یہ سختی مصیبت
توں اپنا پیاراں تماماں غے صدقے

رکھیئے محفوظ ربّا دیس غی بہاراں نا

اُس چن اَجمیر غا دے رب کا پیاراں نا
میرے دیس آ غے بسنؔ آلّا اُن ساراں نا
چپا چپا دیس غا تے کا نڈیاں کناراں نا
رکھیئے محفوظ ربّا دیش غی بہاراں نا

کنیا کماری توں لے نو برا دراس توڑی
شہر، بیلا، جاڑ، جنگل سندھ توں بیاس توڑی
راوی، جہلم، چناب نانؔے اُچّا اُچّا پہاڑاں نا
رکھیئے محفوظ ربّا دیش غی بہاراں نا

جموں کشمیر میری ولیاں غی باڑی نا
چمبو تے گلاب نانؔے پھُل پھلواڑ ی نا
برف آلی چوٹیاں چھمبراں نظاراں نا
رکھیئے محفوظ ربّا دیش غی بہاراں نا

خوشیاں غی عید ہوتی لوہڑی تے بساکھی نا
چیت غو نوروز ناۓ دوسہرہ تے راکھی نا

میلا ٹھیلا بین باجا اِت کا تہواراں نا
رکھیئے محفوظ ربّا دیش غی بہاراں نا

رنگاں آلی ہولی نا ، گجتی دیوالی نا
قوم غیسلامتی نا خوش خوشحالی نا

دینہ گیاں رساں نا رات آلا تاراں نا
رکھیئے محفوظ ربّا دیش غی بہاراں نا

سوچ سوچیاں نا اُچی پرواز دے
ربا میری قسم نا اِتنوں نوازدے

ٹھاٹھ دیئے کسّیاں نا گھونپھر چناراں نا
رکھیئے محفوظ ربّا دیش غی بہاراں نا

قطعات

توں صاحبِ جمال ہے توں صاحبِ جلیل ہے
ہر کسے غو توں خدایا صاحبِ سبیل ہے
تیرا جیسی ہور ہستی غی خدایا کے دسّوں
نہ کِدے مثال ہے نہ کدے دلیل ہے

●●

کِس نا کِس نا یار اڈیکوں
کِس غا قول قرار اَڈیکوں
دس نا تیرا لارا پارا
کِتنا بار اِتار اڈیکوں

●●

تیرا منہ وَر تیرا لوک
میرا منہ وَر میرا لوک
جِنگا دیکھیں رُخ ہوا غو
اُوّاں بدلیں چہرا لوک

●●

کے دہسوں ہوں یار سیاست
کے اِس غا اعتبار سیاست
پار غا دہس کے لارا لپا
چھنڈ چھوڑے بشکار سیاست

●●

کہہ گیا لوک سیانا سچ
شکر ، گُڑ ، مکھانا سچ
کوڑا تاج تخت کے کولوں
بہتر ہیں اَدمانا سچ

●●

ملکہ نالّ نہیں گولی شُبتی
باٹی نالّ نہیں پولی شُبتی
دوجا کاج ماہنہ سب کُجھ چنگو
پر نہیں ، گانو ، ڈولی شُبتی

●●

کان قبیلو ھوری ہووے
گھی غی رنگت چوری ہووے
بَلاّ غو جے بَلّو نہ ہووے
مَتھّے چن ضروری ہووے

●●

چوہی نہیں سجتی ہاتھی نالّ
ساتھی سجے ساتھی نالّ
پاچھی نالّ اُنالی پھیڑی
پاچھی سجے پاچھی نالّ

گیت

گیت

دو دِن غو سنسار کہ دُنیا دو دِن غی
کے کرنوں اعتبار کہ دُنیا دو دِن غی

خوشی تیری ماہنہ دُنیا آلا ، اپنا بنّ بنّ آنویں
چھوٹھا پیار وفا غا گہنا ، تیرے آنّ لوانویں
مِٹھی مِٹھی گل سُنا گے قینچی، چھپ چھپ لانویں
کوئے نہیں سنگ ساتی ہوتو
چھوٹھو قول قرار کہ دُنیا دو دن غی
دو دن غو سنسار کہ دُنیا دو دن غی
کے کرنوں اعتبار کہ دُنیا دو دِن غی

پیار وفا غی قسماں اندر جال بنا غے رکھیں
سنگ فریبی کر غے سارا سختی غے نِچ سٹیں
تیرا وِیہ مہمان دِلاں غا ماریں اپنے ہتھیں
اپنو مطلب پورو کر غے
مُڑ جیں سارا یار کہ دُنیا دو دِن غی
دو دن غو سنسار کہ دُنیا دو دن غی
کے کرنوں اعتبار کہ دُنیا دو دِن غی

دولت مال جوانی تیری بوٹا ، باغ یا بیل
نیس گھڑی ہیں خوشی تیری کا، پل پل دو پل کا میل
چھوٹھی ہے زندگانی اَڑیا دو دِناں غو کھیل

پہلے ہی اِس دنیا کولوں
ہو جا توں ہوشیار کہ دُنیا دو دِن غی
دو دِن غو سنسار کہ دُنیا دو دِن غی
کے کرنوں اعتبار کہ دُنیا دو دِن غی

قمرؔ رسم رسوم ہیں اُلٹا کانہہ نا یار بناوے
کس نا ساتھی سمجھے اڑیا کہڑو ساتھ نبھاوے
کِس نے درد بنڈانا تیرا کِس نا حال سُناوے

کِس توں الفت شفقت منگے
کس توں منگے پیار کہ دُنیا دو دن غی
دو دِن غو سنسار کہ دُنیا دو دِن غی
کے کرنوں اعتبار کہ دُنیا دودن غی

گیت

مُکّی رُت بہاراں آلّی ،سُک گئی رُت گُلاں غی
ساوا بوٹا پیلاّ ہویا، مُک گئی بو پھُلاں غی

اج تک پنچھی پکھنّوں سارا سوہنّی بولی بولیں
پتر پتر ڈالی ڈالی ، خوشی ہلارا جھولیں
مست خوشی غا گیت دِلاں تے پہیت پیارا کھولیں
رنگت پھیکی پھیکی پے گئی ،گُل گُلاب پھُلاں غی

مُکّی رُت بہاراں آلی ،سُک گئی رَت گُلاں غی
ساوا بوٹا پیلاّ ہویا ، مُک گئی بو پھُلاّں غی

باغاں بچوں بُلبُل نٹھّی ، جنگلوں نٹھّی مور
محِفل تے دربار نہیں رہیا ،موڑ گیا تِتر بھور
مالی خالی خالی دِسیں ، مُڑ گئی مور چکور
کونج کگھی یوہ کہتی دسیں خَورے کد مِلاں غی

مُکّی رُت بہاراں آلی ،سُک گئی رَت گُلاں غی
ساوا بوٹا پیلا ہویا، مُک گئی بو پھُلاں غی

گیت

نہ اوہلے اوہلے نس گُھگھئیے
کائے گل سجناں غی دَہس گُھگھئیے

ہوں بیٹھی تیری اڈیکاں ماہنہ
توں بسے غیر شریکاں ماہنہ
ہے پھیر کے میریاں لیکاں ماہنہ

کائے گل سیانٔی دَہس گُھگھیئے
نہ اوہلے اوہلے نس گُھگھئیے

مُڑ ماہلیں مہالنؔ آئی ہیں
رُکھاں نے چُنجی لائی ہیں
مُڑ بہار پھُلاں غی آئی ہیں

ہر ڈالی مُڑ پئی رَس گُھگھیئے
نہ اوہلے اوہلے نس گُھگھئیے

ہے رُت اج کھیڈݨ ہسݨ غی
دِل دے غے دِل نا کھسݨ غی
ناٸے دیس میرے مُڑ بسݨ غی
سٹ اَڑی کِدے مُڑ ہس کُھگھیئے
نہ اوہلے اوہلے نس کُھگھیئے

یہ غم پھیڑا برباد کریں
تناں پریم غا روگی یاد کریں
تیرا میل غی مُڑ فریاد کریں
لے موڑ پرانا چس کُھگھیئے
نہ اوہلے اوہلے نس کُھگھیئے

اِت باغ سارے پھُل کھیلی ہے
پھُل لال گلاب چمیلی ہے
تیرے باجھ ہُݨ اللہ بیلی ہے
تیرو ہجر غیوہُݨ ڈَس کُھگھیئے
نہ اوہلے اوہلے نس کُھگھیئے

گیت

ہے پیار پریم غوسیک مناں
نہ کھورئیں نظریں دیکھ مناں
دِل پرور ہاں دلگیری ماہنہ　　اِک جوگی حال فقیری ماہنہ
ہاں دِل غی سخت اسیری ماہنہ　　ہے کہیڑی گل غوپہیکھ مناں
ہے پیار پریم غوسیک مِناں
نہ کھورئیں نظریں دیکھ مناں
وُہ زار آزاری نہ سمجھے　　ہے دِل ور آری نہ سمجھے
ہے عجب بیماری نہ سمجھے　　کِدے لِکھ غیواُلٹولیکھ مناں
ہے پیار پریم غوسیک مناں
نہ کھورئیں نظریں دیکھ مناں
دِل اپنا نا سمجھائیو میں　　کئی واریُوہ ٹھاکے لائیومیں
تیرو قول قرار ازمائیو میں　　رِہ کا نہہ ناپہول پلیکھ مناں
ہے پیار پریم غوسیک مناں
نہ کھورئیں نظریں دیکھ مناں

پردیسی اِک آوارو ہاں   اِس نگری غو بنجارو ہاں
ہوں بکوں آپ اُدھارو ہاں   توں کرغیوتہہ تے تیغ منّاں

ہے پیار پریم غو سیک منّاں
نہ کھورئیں نظریں دیکھ منّاں

تم خوش رہوؤ آباد رہوؤ   او دِلبر دل تے شاد رہوؤ
ہرغم تے تم آزاد رہوؤ   کِدے دہس جاچھرو نیک منّاں

ہے پیار پریم غو سیک منّاں
نہ کھورئیں نظریں دیکھ منّاں

او دلبر تو دلدار کِدے   کر پورا قول قرار کِدے
ہُنڑ دہس جانا دیدار کِدے   نہ دہس فریب تے کھیکھ منّاں

ہے پیار پریم غو سیک منّاں
نہ کھورئیں نظریں دیکھ منّاں

گیت

کے دھسوں حال پیاراں غو
اُن یاراں غو دِلداراں غو
سنگی سجن یاری لانویں مِٹھّی مِٹھّی گل سناویں
دِل غے کوئے کاٹے رِہ غے سینہ غے بچ قینچی لاویں
ڈُنگو پھَٹ نشانی ہووے
تحفو اُن غم خواراں غو
کے دھسوں حال پیاراں غو
اُن یاراں دے دِلداراں غو
یُو ہ کیسو غلط انداز کروں تھو جن ورنخرہ ناز کروں تھو
سُکھ دُکھ سا بجھو کر غے اڑیا کِس کِس نا ہمراز کروں تھو
رازوں بے نیاز و کرنوں
قِصّو ہے ہمرازاں غو

کے دھسوں حال پیاراں غو
اُن یاراں غو دِلداراں غو

قصّہ وفا غا سُنیا سنایا   وعدہ یاراں غا ازمایا
خوشی ما یارا رفیق بنایا   غم نا دیکھ غے ہتھ نہ آیا

بے مہری غو ہار جو گھلیو
صدقے اُن دلداراں غو
کے دھسوں حال پیاراں غو
اُن یاراں غو دِلداراں غو

گیت

مُڑ مُڑ گیت تیرا، چن جی ہوں گاوں غی
یار نا مناوں گی، ہوں یار نا مناوں غی

کھیڑا کھیڑا رنگ ہویا، پھیڑا پھیڑا رنگ ہویا
کدے آوے ماہی، میرو گل نالؔ لاوں غی
یار نا مناوں غی، ہوں یار نا مناوں غی

مُڑ مُڑ اکھ تکیں، یار تیری بکھ تکیں
دودھ آپے کاڑھ کے، ہوں چن نا پلاوں غی
یار نا مناوں غی، ہوں یار نا مناوں غی

جا کے بیٹھو دیس کھڑے مُڑ آ نا دیس میرے
چوری کُٹ کُٹ رکھوں چن نا کھلاوں غی
یار نا مناوں غی، ہوں یار نا مناوں غی

تیرے باجھ یار میرو، پچھے آ کے حال کھیڑو
تیرے پچھے سب کجھ گھولوں غی گھماوں غی
یار نا مناوں غی، ہوں یار نا مناوں غی

مُڑ مُڑ گیت تیرا، چن جی ہوں گاوں غی
یار نا مناوں غی، ہوں یار نا مناوں غی

گوجری ادیباں ناخراج

بڑی بُری کھیڈی مندی کھیڈ وقتا، کیو وقت بے وقت رُسوا ہم نا
کیہڑی گل چُبھی سینے بچ تیرے کیو ظفرؔ تے کیوں جدا ہم نا

اُس غی خودّاری یا فر ملنساری، کہڑی خوہ خصلت نہیں گئی بھا ہم نا
راناؔ فضل غا ہجر نے سگ لا غے، دِتو اِک تھو پھُل بنا ہم نا

اُس غا دیس بدیس ارمان رُلّیا سُخن گل اُس غی گئی کھا ہم نا
اُس غا جھون جگاںؔ تے نیند کھُلی، ایسی دیئے غو گونؔ صلاح ہم نا

تیرا رہیا ہمیش فتور اُلٹا، لیںؔ دِتو نہیں سُکھ غو ساہ ہم نا
جھڑا مردِ کامل لے جے توں جلدی، چنگی لگی نہ تیری وفا ہم نا

خداؔ بخش غی زاری نہ توڑ چاڑی، رہیا شوقؔ اشتیاق انتظار ہم نا
بابا میاں نظامؔ غو نظم چنگو، قادرؔ بخش غو عشق دربار ہم نا

چکیو طارؔق، نظیؔر غو رزق جلدی، مولوی مہؔر بھی غیو بھُلا ہم نا
فتح محمد درہالوؔی کر پردو کیو ہمت تے صدا جُدا ہم نا

میاںؔ محمد غا موج دریا ڈکیا ، فقر دیؔن غو فقر روا ہم نا
سارا باغ بچوں چُنؔ غے پھُل سارا کنڈا کیکرغی دیئے سزا ہم نا

ذبیؔح رہیو فراق غا گیت غا تو گیو ادب نا آنؔ دسا ہم نا
اثؔر چھوڑ گیو، اِسرائیل بابا ، کسر کر پوری پانؔی لا ہم نا

قبلہ حسؔن غا سوز نے ساز لایا،قدم قدم ور دِتی صلاح ہم نا
عجب جھونؔ جگانؔ غی خوہ خصلت، جھڑی خواب توں گئی جگا ہم نا

اُن غی قلم تلوار تے تیز کھُی ، اُن غی سوچ نے دِتی پرواز ہم نا
آخر آئیو پیغام جے موت آئی، فی امان اللہ بے نیاز ہم نا

سٹّے عطر تریل نسیؔم پونچھی ، صدا بہار عظیمؔ اقبال ہم نا
عارفؔ غنی مہارو سخی شعر اندر، بھُلے یار نہ کدے خیال ہم نا

کیو سنگ غو سنگ فضلؔ دُور سٹیو، منگلہ ڈیم اُن غی بگاہیا رہم نا
قمرؔ ٹوریا ہتھیں بشیؔر ایسوں تھی جو چھاں چھتری وانگت لا رہم نا

چِٹھّی

الف:- آقا صدلے جا خط جلدی، والد صاحب نا پہلاں سلام کہیئے
نالؔ ادب آداب زبان میٹھی، پُچھے حال احوال تمام کہیئے
جمع ہوویں جِت لوک برادری غا، نِکا بڑا نا میرو سلام کہیئے
بڑا بھائی اگے قمرؔ عرض میری، کریو گھر ماں نیت قیام کہیئے

●●

ب:- بس کر دس احوال سارا ، آوے یاد وہ وطن کشمیر ہم نا
سونہ مرگ توں چل دراس اگے، کرگل پوہچتاں آوے نکسیر ہم نا
گولہ باری ہووے دن رات اج کل ، ہند پاک نے کیو اسیر ہم نا
قمرؔ نہیں تھو ناز غرور کوئے ، پھر وی پیش ہے کائے تقصیر ہم نا

●●

ت:- تاہنگ ہے پیاریاں پیاریاں غی، تھاری یاد اندر شب روز گُزرے
قسم رب غی یاد ہے بہت تھاری، منگوں خیر جے خیر ہر روز گزرے
آر پار ماحول ہے جنگ آلو، ہر پل اِنگا دل سوز گزرے
بس تلخ کلام ہے قمرؔ کافی ، تیرو خط اینویں جگر سوز گزرے

سی حرفی

ا:- اللہ غنی قدرت کمال کیسی ، کی زمیں سوہنی اشمان پیدا
پیدا کیا ہیں پنکھ پکھیرو کتنا ،چھوٹا بڑا تے کیو جہان پیدا
رحمت خاص نغے نالّ جہاں اندر کیسا شان تے کیوانسان پیدا
کیا رَد اسلام تے قمرؔ کِتنا نالّ جتھاں نغے کیو شیطان پیدا

●●

ب:- بنیوں جہان ایک ناں واسطے نبیؐ پاک شافعی سردار سوہنا
گیا خوشی نغے نالّ معراج آقا، اللہ پاک تے کیا اقرار سوہنا
برکت نبی نغے بنّی کائنات پوری ، ہویا خاص ظہور انوار سوہنا
اُسے واسطے ہیں قمرؔ شمس بنیا، ہویا اعلیٰ صفات ابرار سوہنا

●●

پ:-پووِیں یہ خواب خیال متاں، ہوتا وصل غا جام نصیب جے کر
رکھی دِل ماہنہ صدا اُڈیک ہم نے، کرتا آپ وِیہ صد حبیب جے کر
قِصّہ کروں بیان ویرانیاں غا، ہووے یار غمخوار قریب جے کر
قمرؔ ہووے علاج بیمار دِل غو، مِلتو خاص وہ پاک طبیب جے کر

●●

ت:- توبہ منگوں اللہ پاک کولوں ، کافی لوک بے شرم بدذات ڈِٹھا
کریں کجھ سوداگری نیکیاں غی ، کریں کم بے طور دن رات ڈِٹھا
لُٹیں لوک کافی بن غے پیر بابا ، کجھ گیا میدان عرفات ڈِٹھا
رمز دُنیا غی قمرؔ بہت اوکھی ، کجھ نیک نامی عالی ذات ڈِٹھا

●●

ٹ:- ٹکر نصیب ماہنہ نت مھارے تھارے باہجھ اوہ یار غمخوار کوئے نہ
رہیا نِت اندھیر غبار اندر عیبی جھیو تے ہور لاچار کوئے نہ
لکھیا خط نہ دید نصیب ہویا، سمجھوں ہاں جے میرو ہمراز کوئے نہ
قمرؔ عاصیاں غا شافعی آپ ہوویں، باہجھ اُنھاں غے بنے سردار کوئے نہ

●●

ث:- ثابتی قدم یقین مُحکم ، نالے خودی نہ کرو بیدار خاصا
ثابت ہویو قرآن حدیث اندر ، غافل واسطے رب بیزار خاصا
تھوڑا رکھو بلند خیال اَپنّا ، چلو تیز رفتار پرواز خاصا
قمرؔ پھُل لبھیں مِنّاں بہت تھوڑا، مھارا باغ ما کنڈا تیار خاصا

●●

ج:- جگ سارو بے وفا ڈِٹھو، خود غرض ڈِٹھا سارا یار ہم نے
کس واسطے لی رسوائی اتنی ، کانہہ نا غماں غا چکیا بھار ہم نے
کیہڑی خوشی ماہنہ رہیا ہمیش پہلتا ، رکھی غم غی نہیں تھی سار ہم نے
قمرؔ لا پانی ہتھیں آپ کیا، بدلے پھُلاں غے کنڈا تیار ہم نے

●●

چ:- چل مسافرا سفر خاصو ، لمّاں سفر ماہنہ چلن محال تیرو
پلے رکھیئے خرچ تیار کر غے ، کم آوے اُت نیک اعمال تیرو
طمع حرص جہان غی چھوڑ جلدی ، کس واسطے ہے دولت مال تیرو
قمرؔ یار یاری نت جوٹھ ساری، اوکھے وقت نہیں پچھسیں حال تیرو

●●

ح:-حال میرو اللہ پاک جانے دَوست یار بیلی گیا سٹ مِنّاں
اَوکھے وقت غریب غور ہن مُشکل ،اَج ہسیں سارا نائی جٹ مِنّاں
لاغر جان کمزور غوجین مشکل ، اَگے کر غے گیا ہیں ہٹ مِنّاں
قمرؔ جوٹھ اولاد ہے رن بچہ، خالی ہتھ ٹوریں دولت کھٹ مِنّاں

●●

خ:- خام نصیب ہے عقل اس غو ، جھڑ ورہیو غرور مغروریاں ماہنہ
بڑا رہیا نمرود، شداد بھانویں ، گیا نت باریک کمزوریاں ماہنہ
دولت مند قارون کنجوس بھانویں، چکیو پہار تے غیو مجبوریاں ماہنہ
قمرؔ دین اسلام غا تھم پکا ، شالہ مار غوطہ دیکھو دُوریاں ماہنہ

●●

د:- دُکھ زمانہ غا بہت پہیڑا ،انھاں دُکھاں نے جان سُکا چھوڑی
سنگی سجن سارا ناتے یار بیلی ، وفاداراں نے آخر وفا چھوڑی
دِسیں خوشی ماہنہ یار رفیق سارا ، آیا غم تے تن تنہا چھوڑی
رہیا ناز جن ور قمرؔ نت تم نا، آخر اُنھاں نے دِلوں بھلا چھوڑی

●●

ڈ:- ڈاہڈیاں نے پینوں بس چل نے، میرا عمل خراب بدکار سارا
نیکی ناں نہ پئی اعمالنامے ، پلے بدھیا گناہاں غا بھار سارا
پلے صوم صلواۃ غو پھل کوئے نہ ، غیبت بخُل غا کنڈا تیار سارا
قمرؔ ساتھ نہ حشر میدان کوئے ، بھانویں اِت بنیا میرا یار سارا

●●

ذ:- ذِکر بیان نہیں بس میرے ، اللہ پاک غی کیسی کائنات سوہنّی
سوہنّی زمیں اَسْمان،لوح،عرش،کرسی،اُپر زمیں غے فصل بہتات سوہنّی
ولی اولیاء، انبیاء،غوث قُطب ، نبیؐ پاک محبوب غی ذات سوہنّی
مستقل نظام قمرؔ شمس آلو ، جن غے نالّ ہوئی دن رات سوہنّی

●●

ر:- رب کریم نا عرض میری ، منگوں دل تے اک دعا چنّاں
ملیں خوشی غا ساتھ ہمیش تم نا ، تھاری ملے مناں ہر بلا چنّاں
تھاری خوشی ماہنہ خوش ہے دِل میرو ، ہجر غم ماہنہ رہوں تنہا چنّاں
جھوٹھا ظاہر ہویا قمرؔ یار کتنا ، وفادار نہ کوئے دلدار چنّاں

●●

س:- سام سمھال غے سوچ رکھی ، تیری یاد ہے نِت ہمیش وطناں
بھانویں بسوں پردیس ماہنہ دُور کتنو، ٹبر قوم ہے دور خویش وطناں
تیرا نکّا ، پہاڑ ، دریا، پتھری ، سوہنو گوجرو لفظ تے دیس وطناں
قمرؔ ریت رواج تے رسم سوہنی، جنت مثل بنیوں مھارو دیش وطناں

●●

ش:- شُکر ہے رب کریم تیرو، تیری ذات غی کروں تعریف کِتنی
تیری ذات اقدس کار ساز اللہ ، باہر حد شمار ملکیت کتنی
ہر جنس غا ہیں پالنہار آپے، بھانویں بڑی یا ہووے باریک کتنی
قمر راز سارا اللہ آپ جانے، کسے ہور نا نہیں توفیق اتنی

●●

ص:- صاف جواب نہ دے منّاں، یا پھر دَس جا میری خطا کے ہے
تھو وہ پیار چھوٹھو یا تھو دِل کھوٹو، یاری توڑنی شرم حیا کے ہے
وفاداری ماہنہ دغو تھو نہیں چنگو، چیتو بھلیو عہد وفا کے ہے
قمر ریت پیار غی رہی منڈھوں، پَر توڑ نے پچھیں خطا کے ہے

●●

ض:- ضرب تلوار غا نہیں اوکھا ، اوکھا زخم زبان غا کھُبتا رہیں
سوکھا نہیں زمانہ ماہنہ یار بنّا ، اوکھی لاوے خلیل تاں پکتا رہیں
اوکھی لگی منصور ناں منزل سوکھی، خوشی ناں چڑ کے سولی جھلتا رہیں
قمر آس بے آس غا نت جھگڑا، جے کر پھُل لینا کنڈا چُبتا رہیں

●●

ط:- طور زمانہ غا بہُت پھیڑا، عالم عِلم نا کریں بدنام اج کل
کریں واعظ نصیحت تقریر بھانویں، ہوویں گُل بے اثر تے خام اج کل
ہو یا مُشرک تے کریں شریک کتنا، چوری حسد تے بُخل تمام اج کل
ہو یا قمر اسلام تیں دُور کتنا، بدعت خاص مقبول ہیں عام اج کل

●●

ظ:- ظُلم کماں غی ریت تھاری ، میری جان کمزور مظلوم پہلیں
خوشی عیش آرام ہے عدم تم نا ، میرا کھوٹ نصیب محروم پہلیں
غم دین غا کسب ہیں خوب تم نا، میری روح تے جان مغموم پہلیں
قمؔر واسطے ہیں حکم بہت سارا ، بنڑ غے ٹوریو تائیں محکوم پہلیں

●●

ع:- عِلم ہے نور ظہور مدنی ، جس نے کیا تاریک غا دور بسمل
آیا نور اندھیرا تے جان چھٹّی، ظالم ظُلم غو زور تے شور بِسمل
آیا آپؐ یتیماں غا بنڑ والی، ہویا قہر غرور غا بھور بسمل
قمؔر نُور غا دیوا غی لاٹ لگی، ہویا لات منات غا زور بسمل

●●

غ:- غماں اندر سکّو چم میرو ، میرا غم ماہنہ ہوؤ غمخوار کوئے نہ
سارا راز دل غا جس نا کھول دسوں ، ایسو یار ملیو راز دار کوئے نہ
لکھیو لیکھ ماہنہ نت پردیس میرے، ہوا وطن غی رہی سازگار کوئے نہ
قمؔر حال پچُھے وطن اپنا غو ، قاصد نہیں دلبر دلدار کوئے نہ

●●

ف:- فِکر ہمیش رہے دِل میرے ، میرے ناںؔ ہیں گناہاں غا بھار کتنا
لالچ دُنیا غی رہی دِل اندر ، اِسے فِکر نے کیا لاچار کتنا
کر غے کُجھ چھوٹھا دعوا چھوڑ چلیا ، جمع کر غیا دولت دار کتنا
قمؔر یار مدنی کوئے عرض میری، سائل بخشیا اُس دربار کتنا

●●

ق:- قسمت اُن غی اج جاگ اُٹھی، کرنڑ حج چلیا عرب دھرتی نا
مِلے آب حیات اُس روح ناوی، ساری عمر گزری جس غی مرتی نا
دھن ہوویں نصیب غا بھاگ اُن غے، ساری عمر گُزری جھڑی جرتی نا
قمرؔ لیکھ نصیب ماہنہ دید ہوتو، زم زم مِل جاتو سینٔو سڑتی نا

●●

ک:- کرم عظیم ہے پاک مولیٰ، جس نے نبی کریم غی ذات آنٔی
اپنا نور توں کیو جہاں روشن، رحمت دو جہاں برکات آنٔی
عرش فرش غو سیر کرا مولا، نالے کرم معراج غی رات آنٔی
قمرؔ آس اُمید غی چھاں چھتڑی پوری اُمت غی موڑ حیات آنٔی

●●

گ:- گُمیا عہد پیمان تیرا، نالے ٹُٹا کیوں قول قرار ماہیا
کیہڑا کھوٹ نا دیکھے غے دور نسے، کیہڑی گل تے بے اعتبار ماہیا
ہویا تار یا ڈاک غا بند رستہ، یا پھر کرتو نہیں اظہار ماہیا
قمرؔ من زاری میری ایک واری، صدقے جان ایمان گھر بار ماہیا

●●

ل:- لاگ پریت غی بہت اوکھی، رووے حال بدحال فقیر عاشق
عشق لانڑ تے توڑ چڑھانڑ مشکل، ہووے بے پرواہ تقدیر عاشق
خوشی نالڑ عاشق پووے اگ اندر پورو ذکر قرآن تفسیر عاشق
تارا گن گن غے قمرؔ رات کڈھیں خوشی محفلاں ماں دلگیر عاشق

●●

م:- من زاری میری ایکواری، مِنّاں سد حبیب جی دیش اپنے
تیرا طِب غا لکھ ہزار چرچا، مِنّاں سد طبیب جی دیش اپنے
جیہڑی شمع تے ہویو جہاں روشن، واہ ہے نورِ منیب جی دیش اپنے
سُتا قمرؔ غا بھاگ نا جاگ ہوتی، ہوتی سد نصیب جی دیش اپنے

●●

ن:- نالؔ تیرے اقرار میرو، بھانویں، مُل کھوٹے منّاں نیچ ڈھولا
تیرے باہجھ اوہ یار رفیق کوئے نہ، اوکھی منزلاں غو داوٗ نیچ ڈھولا
کروں نت زاری ہووے، شرمساری پھسی وچ تلوار تے تیغ ڈھولا
قمرؔ رحم منگوں قبر رات کولوں، ایک جِساجت سیّد تے شیخ ڈھولا

●●

و:- وِرد کروں دن رات تیرو، تسبیح خواں بن غے اَٹھو پہر ماہی
گھڑی، دن، ہفتہ، مہینہ، سال گزریں، تیری یاد اندر مِنّاں قہر ماہی
مِنّاں دیکھ خستہ کریں لوگ ہاسہ، ہووے مہر کوئے نہ کریں لہر ماہی
قمرؔ خاک بن غے پیراں نالؔ رُلتو، جے کر سد لیتا اپنے شہر ماہی

●●

ے:- یا اللہ! التجا میری، میری جان تے کرم ظہور کردے
کردے عیب خطا سب معاف میری، میری عاجزی عجز منظور کردے
میری قلم نا تیز رفتار کردے، اپنا عِلم غی تابع منشور کردے
قمرؔ ہووے خیال غو ایک مرکز، اُلٹا وہم توں پاک غفور کردے

باره ماه

ب:- بہار بساکھ غی بہت سُوہنٔی ، پھُلی پھُل کشمیر گلزار ایسوں
سوہنا باغ پھُلیا پھُل عجب کھِلیا ، نیلی سرب مالی سبزار ایسوں
بلبل باغ اندر خوشی نالٔ گانویں ، سوہنا لگیں سارا آبشار ایسوں
قمؔر تن تنہا پردیس بیٹھو ، باقی رل بیٹھا سارا یار ایسوں

●●

ج:- جیٹھ غی رُت کمال اڑیا ، لوک ہویا ہیں ڈھوک تیار اَج کل
بوٹی بنٔی کشمیر سجا مُکھڑو ، عاشق سارا ہیں جان نِثار اَج کل
سارا لوک لگا کم کار اپنے ، محنت زمیں ماں کریں زمیندار اَج کل
قمؔر دِل ماہنہ اِک اڈیک میرے ، جے کر دید دیتو میرو یار اَج کل

●●

ہ:- ہاڑ نے سجن غی یاد آئٔی ، تپی تھپ تے گرم کمال ہویو
محفل آنٔ لگی بہکاں ماہلیاں ماں ، خالی برف تو پیر پنجال ہویو
تِتر ، مور ، بٹیر تے کونج کوکو ، میرو دیش بہشت مثال ہویو
قمؔر ہجر فراق نے ڈَم لایا ، کدے آ دیکھو کیہڑو حال ہویو

●●

س :- ساون نے بوند کمال بدلی، لاہی دُھند تے لیو ہے ٹھک مِنّاں
ماہلی ماہلناں نے لی ہیں مَل ساری، اَگ ہجر غی گئی ہے لگ مِنّاں
چووِیں اَکھ میری کونسٹر ناگ ہاروں، آنّی یار جدائی نے تنگ مِنّاں
قمرؔ لگی پریم غی اَگ اُلٹی، سارا لوک ہسیں دوروں تک مِنّاں

●●

پ:- پہادرا نے بدلیو رنگ اپنو، اُجڑی دیش غی مالی پنجال دِسیں
مھیس لے چلیا مانجھی ماہلیاں توں، بکری لے ٹرتا بکروال دِسیں
نیلا پتر ہویا مُڑ غے آنّ پیلا، نیلی سرب بَیلی بدحال دِسیں
قمرؔ مُڑ چلیا ڈیرا دوستاں غا، رونق لگنی ہُنّ محال دِسیں

●●

ا:- اَسّو غی رُت عجیب سوہنی، میوا پک غے ہویا تیار اج کل
اگلا موسم غی طرف دھیان سب غو کہاہ کپ غے کیا انبار اج کل
ایک جھیا ہیں دن تے رات اج گا، نہیں موسم غو کوئے اعتبار اج کل
قمر آئی ویران خزاں تک غے، سارا چلیا موڑ مہار اج کل

●●

ک:- کتک غی ٹھنڈی ہوا چُھلی، دن رات دِسیں ایکو تال ماہیا
لگی اَگ چناراں غا پتراں نا، سرسبز بوٹا ہویا لال ماہیا
فصل جمع کر غے زمین دار بیٹھا، محنت ہوئی جھڑی سارے سال ماہیا
قمرؔ یار غو آنوں محال لبھّے، پچھّوں دہس کس نا گھلوں فال ماہیا

●●

م:- منگھر جدائیاں نے گھل پھیرو، لیو مَل ہے دیش غی ماہلیاں نا
لی ہے رَس نچوڑ وجود بچوں، رَتا کر بوٹا پتر ڈالیاں نا
بکتا پانیاں نا گو رو سِل کر غے، کیو بند ہے چھمراں نالیاں نا
قمؔر بالؔ غے عشق اکیر ڈیکوں، بیٹھی تکتی رہوں سنگ آلیاں نا

●●

پ:- پوہ غا مہینہ ماہنہ کٹ چلا کروں یاد کِس نا صبح شام مُڑ غے
پئے ہجر فراق غو سیک سینے ہویو یار تیرو سِرسام مُڑ غے
تیراناں غے نال یُوہ شرف لبھو، ہوئی دیس سارے بدنام مُڑ غے
قمؔر واسطو رب غو جا کہیے، کو ہڑی کو ہجڑی نا آہ ناں سام مُڑ غے

●●

م:- مانہہ غا مہینہ غو رنگ پہیڑو، دِسے دن چھوٹو لمّی رات اڑیا
ہووے رُت ماہنہ کوئے سُدھار ناہیں، سِر کھے برف غے لگی برسات اڑیا
لیو خون وجود تے چوس سارو، جھلے کیہڑو جدائی آفات اڑیا
قمؔر ہوویں جے چلا منظور اپنا، تاں پھر یار غی ہووے مُلاقات اڑیا

●●

پھ:- پھگن غی رُت نے گھل پھیرو، دِتو آنؔ سلام سیلانیاں غو
لگی زخم نا موڑ ہوا تازہ، قصّو چھیڑیو موڑ دِلجانیاں غو
لیو لونؔ برُور ہے پھٹ اُپر، کرے کونؔ حساب حیرانیاں غو
قمؔر سُکھاں نے جدتیں کنڈ پھیری، رہیو خاص رشتو پریشانیاں غو

●●

چ:- چیت چیتا سارا بسر گیا چھٹّی نیند آرام حرام ہوئیو
کیوغماں نے چار چوفیر گھیرو، ڈیرے دُکھاں غو آن سلام ہوئیو
لگی پیڑ جدائیاں غی آنڑ سینے، کس نا کھوں کھیڑ و سِر سام ہوئیو
قمرؔ سچ ماہنہ ہوئیو غلام اُس غو، جس غو اُچاں تے اُچّو مقام ہوئیو

ایک بند بارہ ماہ

الف:- اسّوں توں کر بے آس غیو، کتک، منگھر نے کیو بے حال مِنّاں
ماہ پوہ غی رات جدائی آلیں، پھگنڑ ہجر نے کیو کنگالؔ مِنّاں
روٗنق مُڑی بہار غی چیت آئیو، بھُلّے یار نہ جیٹھ بساکھ مِنّاں
قمرؔ ہاڑ نے ساڑیو ساڑ لا غے، ساونڑ پہادرے پہلے نہ یار مِنّاں

☆☆

متفرقات

الف:- آ سجناں تناں گل دسوں ، ڈِٹھا عجب زمانہ غا دور ہم نے
کچھ دولتوں غنی امیر ملیا ، کچھ ڈِٹھا غریب کمزور ہم نے
کجھ نیک سیرت پُر نور مِلیا، خاصا لوک ڈِٹھا رشوت خور ہم نے
قمؔر لوک ملیا نیکوکار تھوڑا، مچ ڈِٹھا بدمعاش تے چور ہم نے

●●

الف:-اُٹھ قاصد جلدی جا مکّے، نبیؐ پاک نا میرو سلام دے آ
کہیے ہوئیو غمخوار لاچار خاصو، اُچے خاص دربار پیغام دے آ
کریں سد ایکوار جے کولؔ اپنے، میری زندگی میرو انجام دے آ
قمؔر دل ماہنہ رہیو ارمان ڈاہڈو، سارا سام ارمان قربان دے آ

●●

ب:- بہت ملیا واقف کار بنؔ غے، خودغرض ڈِٹھا سار ایا رہم نے
کجھ لنگ ملنگ درویش ملیا، کجھ لوگ ڈِٹھا زر دار ہم نے
پڑھ غے دئیں ثبوت جہالتاں غو، تھوڑا عالم ڈِٹھا عملدار ہم نے
قمؔر ظُلم ماہنہ رہیا مظلوم کتنا ، لاتعداد ڈِٹھا ظُلمدار ہم نے

●●

ج:- جگ اندر رنگو رنگ خلقت، کُجھ کِبر غرور جوانیاں ماہنہ
کُجھ قوم غا خاص معمار ہویا، کُجھ چلیں اجاں من مانیاں ماہنہ
کُجھ عشق ماہنہ مست الست ہویا، کُجھ خوش تے کجھ حیرانیاں ماہنہ
قمرؔ آس مکّی یاراں دوستاں غی بے وفائی ہے جگ جہانیاں ماہنہ

●●

د:- دُکھاں غو حال سناؤں کِس نا، کیہڑ و یار دَہس ہاں خبر گیر وے غو
کیہڑا یار نا دِل غی کھول دَہسوں، کیہڑو سجن سچّو راہ گیر وے غو
کِس واسطے جان گواہ چھوڑی، رکھوں آس کِس غی ضامن گیر وے غو
اللہ باہجھ رکھنّی قمرؔ آس کوئے نہ، نبی پاکؐ شافع دستگیر وے غو

●●

د:- دہس او یار محبوب جانی، کیہڑی گل تے دل غمگین تیرو
تیرو غم تے سوز ہے کسک منّاں، بھانویں کالجو سخت سنگین تیرو
توں ہی یار ہے یوسف کنعان مِنّاں، لگے دیس وی مصر رنگین تیرو
قمرؔ گمتو شاہی پروان جے کر، بندیوان رہتو بنّ امین تیرو

●●

د:- دہس محبوب جی کے لبھّے، تِنّاں پہار گھُمنڈ غرور کر غے
دہسے توں کانہہ نا دم خم اپنا، نالے خام خیال فتو رکر غے
کوڑھی کو ہجڑی سمجھ غے تھک چھوڑے، رکھیں لاج ویں یار ضرور کر غے
قمرؔ ہجر فراق غا دِن بھوگے، لیئو کے اوہ یار مجبور کر غے

●●

س:- سپ غے نالؔ نہیں پیار کرتا، ڈنگ مارنو بھُلے وہ یار کِتوں
پہلے یار یاری پچھے دغابازی، سکھیں طور زمانہ غا یار کِتوں
مُنہ ورگل مِٹھی اندر چھُری تِرکھی، کسب سکھیا دَس ہزار کتوں
قؔمر واسطے یار ہے پاک نسخو، بکے شہر کیہڑے ملے پیار کتوں

●●

ش:- شاد رکھے اللہ نت تم نا، گُزرے ساعت ہر پل آرام اندر
یاراں دوستاں غی محفل رہیں جاری، ہووے خیر اُن غی صبح شام اندر
بھانویں نظر تھاری نہیں کجھ مُل میرو، میری نظر ماہنہ اُچا مقام اندر
قؔمر دل تے یاہ ہی دُعا منگے، اللہ خیر رکھے خاص وعام اندر

●●

ق:- قدرت قہار، جبّار ربی، بحر وبر تے اُچا پہاڑ دیکھوں
سحرا، بنؔ نالے شجر، ہجر دِسیں، کھِلتا پھُل نالۓ کنڈا خار دیکھوں
خشک، تر اندر ملے رَمز اُس غی، بدل، دُھپ تے تیز ہوا دیکھوں
قادر منّیو ہے شمس، قؔمر تیرو، اَرض، سماں غو سب اسرار دیکھوں

●●

ل:- لکھ کروڑ درود اُس وَر، جِس نے کیو آباد جہان مُڑ غے
لے غے سادگی صِدق ایمان آئیو، کیو ردمردود شیطان مُڑ غے
آئیو نور آلٔو سچو نور لے غے، کیو پھر آباد اِنسان مُڑ غے
قؔمر لکھ واری جاؤں ہوں صدقے، دِتی بشر نا بھُوم سیان مُڑ غے

●●

ن:۔ نیچ غے ناں اشنائی مندی ، کرے زنگ آلود وقار سارا
کیکر ناں نہیں انمب ، انار سکھیا ، کھوڑی ہیٹھ نہیں بوٹا پھلدار سارا
ٹبر قوم قبیلہ غی لاج رکھیں ہوتا نہیں بھانویں زردار سارا
قمرؔ خوہ خصلت جن غی سپ ہاروں ، کرنا دفن ایسا رشتہ دار سارا

●●

و:۔ وصل غی رات نا یار ترسوں، تڑف تڑف کڈھوں اٹھو پہر انگا
تھارے باہجھ ہے یار حیران بستی ، دِسیں سب سنسان یہ شہر انگا
بھُلیں کد وِیہ پیار خلوص مِنّاں ، لُکھا سُکا یہ لوک بے مہر انگا
قمرؔ عید ہاروں دیکھوں راہ تیرا، لگیں سال ،مہینہ ، گھڑی زہر انگا

سی حرفی

(در زبان پنجابی)

پ:- پکا میں قول اقرار کیتا، جدوں روز میثاق دا عہد ہویا
حاکم منیا حکم بجا تیرا، کیہڑی گل تے آنڑ غمے قید ہویا
میرے کھوٹ نصیب نے مَت ماری نفس ہویا غالب تاں بے عہد ہویا
اپنی شرف مخلوق نوں قمرؔ بھلا، ناقص عقل تھیں بندہ بے پید ہویا

●●

ت:- تائب ہاں تیرے دربار دا میں، کرو سَدّ محبوبؐ دربار اپنے
تیرے در تے منگاں میں بھیکھ پاپی کدے خیر سٹّو ایک وار اپنے
کاسہ پھڑاں گدائی دا خوش ہو کے، ہووے رحمت نی ایک فوار اپنے
قمرؔ ہووے نصیب تاں دید کرساں، تربت چار اصحابؓ کبّار اپنے

●●

ث:-ثبت یقین محبوب والا سُتے جاگنے تے اُٹھّو پہر رہندا
اَکھیاں لانڑ سکھلیاں ہٹنڑ مشکل سولی سُول فراق تے قہر رہندا
اُجڑے دلاں نا ہونڑ آباد مُشکل گُم سُم محبوب دے شہر رہندا
قمرؔ یار باجھوں سینے پیڑ رہندی جاری اَکھیاں تے ہنجو نیر رہندا

●●

ت:- تُساں دے باہجھ حیران اَکھیاں، یا پھرا کھ لے لے یادیدار دے جا
خالی ہتھ نہ مِلے سامان کوئے بِناں پیساں تھوڑا اُدھار دے جا
ساڑے لیکھ نصیب نے نِت کھوٹے قسمت ہاریاں تھوڑا پیار دے جا
قمرؔ حُسن دا ہووے رواج اُلٹا بدلے دل دے جان دِلدار دے جا

●●

آ:- آوندی یاد ہے بہت اڑیا سانوں بھُلدے نہیں تُساں آوناں نہیں
رہندی یادتازی جہڑی گل ماضی تُسیں بھُل گئے اَساں بھُلاوناں نہیں
کیہڑی گل تے تُسیں ناراض ہوندے لارے لاجھوٹھے ازماوناں نہیں
قمرؔ ہویا غلام ہے لکھ واری، کھوٹے بھاہ بازار وِکاوناں نہیں

●●

ب:- بڑی محفل میرے یاروالی، اُتھے غنی مسکین دی حد کوئے نہ
کملی یار ہوون جتھے آپ بیٹھے ہووے کدے سوال دی رد کوئے نہ
اُتھے ادب تعظیم اِکرام لبھناں ٹُٹدی شان جھوٹھی ہووے بد کوئے نہ
قمرؔ نور انوار دی اوہ بدلی، بَرنی ہر ڈالی پچُھدی جد کوئے نہ

●●

ج:- جگ والے دیسنؔ کے اُس نو جِسدا گھر لُٹدے پہلے یار جا کے
اس نُوں خزاں نے کدوں آباد کرنا، جِسنوں لُٹدی ہے پہلے بہار جا کے
جِسنوں خوشی نے ڈم ہزار دِتے، کرنا غم نے کد ٹھنڈا ٹھار جا کے
قمرؔ پھُلاں نے زخم ہزار دِتے، مرہم کد لاسن کنڈے خار جا کے

مثنوی

اوّل شکر خدایا تیرو رب رحمان کریماں
بعد درود محمد سرورؐ لائق سب تعظیماں

●●

ربا رحمت عظمت تیری باہر حد شماروں
ہر ہر شے محتاج خدایا ہے تیری سرکاروں

●●

کرم کریمی ہر شے، ہر تھاں، ہر گھڑی، ہر ساعت
جس نا جو کجھ لبھّو ربّا تیری سب عنایت

●●

واہ سبحان کریم خدایا عرش عظیم غا راکھا
باقی ہیچ ہیں قدرت اگے سارا چھاکھا پھاکھا

●●

توں مالک مخلوق ہے تیری رازق رزق پہچاوے
غیبی جو مخلوق ہے تیری ظاہر نظر جو آوے

●●

عِزت موت مُقدر سب غی پہلاں ہی لِکھ چھوڑے
کٹ، قصوری، عیبی تک غے کد کسے توں موڑے

●●

آدم توں لے اِس دم توڑی سب اولاد آدم غی
گِنتی کرنی ہے ناممکن نہیں توفیق خادم غی

●●

نبی ، رسولاں ، ولیاں اُپر نظرکرم رہی تیری
مُشرک تے زندیقاں اُپر غیض غضب رہی تیری

●●

عرش، فرش تے لوح ،قلم سب نوری ، ناری ،خاکی
خالق ہے مخلوق تیری سب صفتاں ماہنہ بے باکی

●●

جنگل ، پہاڑ ، سمندر تیرا بدل باد ہوا
بُوٹی رُکھ تے بوٹا نا وی توں ہی دیئے غذا

●●

جیا جون غو راکھو ہے تو ، تیری صفت ثنائی
عقل شکل غو کر نکھیڑو ، دہس چھوڑی بڈیائی

●●

پھَل پھُل رنگ برنگا بُوٹا آنڑ زمین ماہنہ لایا
مِٹھا کوڑا کھٹّا کر غے پھَل رُکھاں ور لایا

●●

سُکّی پھانٹ ترمبڑ نا وی بخش چھوڑے ہریالی
تیری اس تخلیق غے اندر کونڑ کرے سنجھیالی

●●

ایک بوٹو پھلدار بنائیو اِک بوٹا غی لکڑی
کِدے کھجور، خوبانی لاوے پوری کرے ترکھڑی

●●

اُڑتا باز نا اُڈن آلو کیہڑو چِیچ سکھاوے
جمتا شیرخوار بچّہ نا دُودھ غی جاچ سکھاوے

●●

شِکم مادر ماہنہ پالنے کِسرا نہ سردی نہ پالو
تیرے باہجھ خدایا کیہڑو جِنساں غو رَکھوالو

●●

دِن غے بعد سیاہی آلی رات خدا جد موڑے
کالو گٹ اندھیرو نسّے لو اَپنی جد چھوڑے

●●

مِن عاجز مسکین غے اُپر ایسو کرم کمائیو
علمی قلمی صحبت دے غے بخش دِتو سرمائیو

●●

عرض کرے مسکین خدایا قمر نمانو تیرو
سائیو نبی محمدؐ بن جے سدا سرہانے میرو

●●

دوجے اِک سوال ہے ذاتی شعر میرا جد بولیں
علم عروضوں شعر میرا نا نہ ہاڑیں نہ تولیں

●●

تیلّا روڑا لفظاں غی میں جوڑ غے جھگی چاہڑی
کریئو نظر انداز خدا را گل جو موٹی ماڑی

سال دو ہزار ایکی ۲۰۲۱ء
کِتنی مِٹھی کِتنی پھیکی

الف الوداع تیرو رب راکھو، تیری رہی ہُن گھڑی دو چار ایسوں
تیری خوشی دے غماں نا لِکھ چھوڑوں، سَن اکیے دو ہزار ایسوں

....

رہیوامن امان ہے دوپاسے مھارے سُکھ تے خیر ہے پار ایسوں
ہوئی قوم متحد دربار اندر ، دِتو امن غو سال قرار ایسوں

....

موذی مرض کرونا غو زور ٹُٹّو ، ہوئی اِس غی دوا تیار ایسوں
سعودی ، قطر غو میل ملاپ ہوئیو ، ہویا رابطہ پھر ایکوار ایسوں

....

اسرائیلیاں نے فلسطین آلا ، کیا تنگ ہیں بے شمار ایسوں
ٹُٹو زور نمرود ، فرعونیاں غو ، ہوئی خوش افغان قندھار ایسوں

....

کیا حامی ٹرمپ نے آنّ ظاہر، لائیا رہنّ غا جتن ہزار ایسوں
کیا لکھ ترلا کپی ٹول چڑھ غے، کر غے قلعہ جمہور مِسمار ایسوں

....

ٹُٹا کئی قانون قانونیاں غا ، ہوئیو ننگ غو ننگ رکردار ایسوں
کیا تنگ مظلوم زمین آلا ، آخر جیتیا ہیں زمیندار ایسوں

ہائے ہائے افسوس نصیب سڑیا، کیا موت نے بڑا لاچار ایسوں
لیئو کھس ہے چین آرام مھارو، کر غے دُھند اندھیر غبار ایسوں

ہوئی موت ڈاہل لیا مردِ کامل ، روئیں چیڑ ، بیاڑ ، چنار ایسوں
اُجڑ گئی کشمیر ہے اِس واری اُجڑیو پونچھ ، راجور تے لار ایسوں

لالی مُڑی میدان ویران ہوئیا ، نیلا سرب تلا سبزار ایسوں
لیا مرد کامل مرشد لار آلا ، بتر شرد تیں ہوئی بہار ایسوں

کیو فیض تیں مُڑ بے فیض ہم نا ، لیا کولؔ بُلا گلزار ایسوں
کیو قمر امین وی آنؔ رُخصت ، چوہنس گیا ہیں پھُل گلزار ایسوں

ٹُٹا ادب آداب غا ہور قِلعہ ، گیا ہو رُخصت بے شمار ایسوں
علم ، فہم ، فنون غا راج آلا ، ہویا الوداع شاہسوار ایسوں

ہویا آنؔ اقبال عظیم رُخصت ، علم ادب غا ذی وقار ایسوں
گھر قوم ، قبیلہ غا بہت سارا ، جا غے بسیا بچ مزار ایسوں

تیرا مِٹھا غی لگی مِٹھاس تھوڑی ، گوڑی سخت ہے تیرو کڈیار ایسوں
تتاں آنیوں ضبط تحریر اندر ، تاں جے بھُلے نہ قمر سنسار ایسوں

تعارف

ن:- ناں پتو روئیداد اِتنی، ضلع خاص کولگام کشمیر غو ہاں
نور آباد تحصیل دمحال میری ، اہرہ بل غی مٹی خمیر غو ہاں
قوم گورسی مہراں غا لقب آلی ، ہاڑی پونچھ غی اصل جاگیر غو ہاں
قمر کہیں یہ خاص اخلاص آلا ، اصل نا شریف ضمیر غو ہاں

www.ingramcontent.com/pod-product-compliance
Lightning Source LLC
LaVergne TN
LVHW061542070526
838199LV00077B/6876
* 9 7 8 9 3 5 9 8 9 0 3 1 9 *